世界名人名传　　|　　主编　柳鸣九

[美] 尼古拉·特斯拉 著
方华文 译

特斯拉自传
Autobiography
NIKOLA TESLA /

河南文艺出版社
·郑州·

图书在版编目（CIP）数据

特斯拉自传/（美）尼古拉·特斯拉著;方华文译. —郑州:河南文艺出版社,2019.5（2022.3 重印）
（世界名人名传/柳鸣九主编）
ISBN 978-7-5559-0703-9

Ⅰ.①特…　Ⅱ.①尼…②方…　Ⅲ.①特斯拉（Tesla,Nikola 1856–1943）–自传　Ⅳ.①K837.126.1

中国版本图书馆 CIP 数据核字（2019）第 010681 号

特斯拉自传
Tesila Zizhuan

选题策划　孙晓璟
责任编辑　孙晓璟
书籍设计　刘运来
责任校对　丁淑芳

出版发行　河南文艺出版社
本社地址　郑州市郑东新区祥盛街 27 号 C 座 5 楼
邮政编码　450018
承印单位　河南瑞之光印刷股份有限公司
经销单位　新华书店
纸张规格　890 毫米×1240 毫米　1/32
印　　张　3.25
字　　数　54 000
版　　次　2019 年 5 月第 1 版
印　　次　2022 年 3 月第 2 次印刷
定　　价　22.00 元

印厂地址　河南省武陟县产业集聚区东区（詹店镇）泰安路
邮政编码　454950　　电话　0391–2527860

译本序

　　爱迪生和爱因斯坦的大名如雷贯耳,全世界几乎家喻户晓,而特斯拉一直不为世人所关注,岂不知特斯拉的科学成就远远高于前二者,恐怕比他们两人的总和还要多。他的十大发明彻底改变了人类的生活,改变了人类的认知,对他的那个时代以及现在都产生了无可估量的影响,甚至还会影响到世界的未来。由于他的发明和构想过于超前,为当时的一些人不理解,遭到了所谓"正统科学"的排斥,许多观点被斥为"异端邪说",可是随着社会的进步和科学的发展,他的构想已一一变为现实。无论海里的潜艇、天上的无人机、街上跑的特斯拉电动汽车以及即将风靡世界的无人驾驶汽车和机器人,还是家家户户都在用的交流电,无一不脱胎于他的发明,或者与他的构想有着千丝万缕的联系。

这样一个伟大的科学家，理应获得诺贝尔奖，诺贝尔奖的评委们也是这么想的，可是他居功不傲，十一次把获奖的机会让给了别人。纵观诺贝尔物理学奖获奖历史，受他的直接启发从而获奖的科学家占了 27%，受间接启发的获奖人数竟超过了 65%。尽管他从不接受诺奖，但他在过七十五岁生日时，收到了八封诺贝尔物理学奖获得者的感谢信。

本书是特斯拉的自传，叙述了他具有传奇色彩的人生经历——有些经历过于传奇，可能会给人以"匪夷所思"之感，但它们的确是存在的，而且正因为这些经历产生了"传奇"的发明创造。1856 年 7 月 10 日，尼古拉·特斯拉出生在塞尔维亚。父亲是个牧师，在这一行干得风生水起，颇有名气，还精通物理学，在文学方面亦出类拔萃，是个妙笔生花的诗人。母亲出身于一个热爱发明的家族，自身也无时无处不在展现她的发明天赋，为家里发明了许多奇特用品。

少年时期，特斯拉的脑海里经常会出现一些影像，还伴有强烈的闪光，使他看不清实物，干扰他的思维和行动。他咨询过生理学和心理学的学者，但无一人对这些现象做出过令人满意的解释。后来他发现可以充分利用自己这种超凡的想象能力，不需要模型，不需要绘图，也不需要实验，单凭想象就能够进行发明创造。他一旦有想法，会立刻在心里构图，在心里对其结构进行修改和完善，其间不接触任何实物。直到再也找不出缺陷,将所能想到的一切合理改进都完成时,他才会把在心里最终形成的产物转化为实物,二十年中从未出现过一次偏差,在工程、电气和机械方面的设计和发明全都取得了很好的效果。正是由于具有这种"特异功能",他还能在遇到危险时化险为夷。一次在河里游泳,河水突然上涨,使他的生命受到了威胁。就在这时,他的脑海里出现了一道闪光和一幅逃生图,他才得以躲过了一劫。

特斯拉自小就喜欢鼓捣"小发明",由于思维方式与普通人不同,故经常有惊人之举。例如,他发明的"钓蛙器"使当地的青蛙几乎遭到了灭顶之灾;他的"灭虫器"和自制玩具枪也颇有创意。他的家乡有一位商人购置了一辆崭新的消防车,组织了一支消防队,给消防队员每人发了一套制服,指挥消防队训练,准备举办一个检阅仪式。所谓消防车其实就是一个水泵,由十六名队员操作。一天下午,准备举办正式的检阅仪式,消防车被拉到了河边。人们倾城而出,赶来看这一盛景。大人物讲话等仪式结束后,一声令下,消防队员开始喷水,可是喷嘴里一滴水也喷不出来。教授和专家们群策群力,却找不出哪里出了毛病。特斯拉赶到现场时,人们正急得像热锅上的蚂蚁。当时他在机械原理方面的知识是个零,也不懂得什么空气压力,但本能地感到是水下的抽水管出了问题,是抽水管堵住了。于是他涉水打通了堵塞处,消防车的喷嘴突然喷出了水。他被人们扛在肩头游行,一下子成了英雄。

特斯拉上学的时候对物理学研究着了迷,可是父母一心一意想让他将来当牧师,一想到这一点,他心里就发怵。一次放假回到家乡,他不幸染上了霍乱,生命垂危,眼看已无药可救。父亲心痛如刀绞,却束手无策。他对父亲说:"如果你同意让我学习工程技术,我也许可以恢复健康。"父亲听了,郑重地向他许诺:"我要让你上天下最好的工学院。"后来不知怎么,他病情突然好转,竟从死神的手中挣脱了出来。假期结束后,他被送到了奥地利施蒂里亚州格拉茨市的理工学院学习——那是一所历史悠久、声名卓著的大学,是父亲专门为他挑选的。他悬梁刺股,每天凌晨三点起床,一直学到夜里十一点,星期天和节假日也不例外,结果在各个科目上都拔得头筹。除了自己的专业,他还在文学方面博览群书。一次读到托尔斯泰的书,他"诧异地发现那个'怪才'靠一天喝七十二杯黑咖啡竟然写了近一百卷的东西,每一卷的字都密密麻麻",他和托尔斯泰"较真",直至将他的全部著作都看完才罢手。他痴迷于文学,非但借此陶冶情操,还觉得文学作品有治病的功效。一次,他大病一场,情况非常危急,可是看了马克·吐温的几部作品,竟忘掉了自己危重的病情,最终恢复了健康。二十五年后,他结识了马克·吐温,把这段往事讲给他听,惹得马克·吐温哈哈大笑,把眼泪都笑出来了。

特斯拉十分关心世界形势,热切盼望不再发生战争,实现全世界和平。他认为:"战争是不可避免的,除非引发战争的物质因素得到消除——归根结底,这种物质因素在我们赖以生存的星球上是普遍存在的。只有通过弥合信息传递、旅客运输、能源供应和输送等各方面的差异,有朝一日才能废止战争,使人与人之间永久地保持友好的关系。我们热切盼望在全世界人与人、国与国之间能加强联系、增进了解,消除狂热的极端思想和自私的民粹主义,因为历来都是这些因素在兴风作浪,让世界陷入原始的野蛮状态,使得冲突不断。"

特斯拉的晚年十分不幸。由于病痛和精神的折磨,他的性格也变得很古怪,经常徘徊于纽约公园,投食喂那儿的野鸽子。1943 年 1 月 7 日,穷困潦倒的特斯拉在纽约的一家旅馆孤独地离开了人世,享年八十七岁。翻开这本书,你可以了解到许多鲜为人知的秘密以及奇异的现象,从而对这位科学巨人产生客观的看法……

方华文作于苏州大学

2017 年 12 月 31 日

目　录

第一章　早年的人生

　　人类社会的发展和进步主要依赖于发明创造。而发明创造是人类创新型大脑最重要的产物。发明创造最根本的目的在于利用自然力满足人类的需求，用智慧掌控物质世界。这是一项艰巨的使命——发明家往往会遭到误解，得不到回报。不过，发明家会得到巨大的补偿，因为他们的能力可喜地有了用武之地，并且知道自己会跻身特殊的精英群体中，没有这样的群体，人类在和残酷的大自然激烈搏斗的过程中恐怕早已从地球上消失了。

　　至于我自己，我从发明创造中获取了无与伦比的兴奋和喜悦，多年来我的生活一直不乏欢乐的成分。有人称赞我是一个极为勤奋的人——如果这指的是思维方面的劳动，那么我当之无愧，因为除了睡眠我把几乎所有的时间都用于思考问题上了。但是,如果"劳动"指的是在特定的时间,按特定的规则完成的活动,那我就是最懒散的人了。

但凡强迫性的劳动必定会耗费生命的能量。我却从未为此付出过代价。恰恰相反,我自由地思考问题,从中获益匪浅。我准备写几篇文章,连贯和忠实地叙述自己所从事的工作,在《电气实验者》①编辑的帮助下发表于该杂志,主要针对的是年轻读者。因而,不管愿意不愿意,我都必须讲述一下自己年轻时候的想法、生活环境以及发生的事件——这些因素决定了我以后的生涯。

人们在小的时候,行为处事往往喜欢冲动,想象力如脱缰的野马无拘无束。随着年龄的增长,一个人会趋于理性,做事有条不紊、计划周密。然而,正是这种早年的"冲动",虽然不会立竿见影,即刻给我们带来好处,却是一种极为重要的因素,也许可以决定我们未来的命运。说实在的,我觉得如果当年自己能够理解和培养那种"冲动",以后肯定会给世界做出重要贡献,留下一份有价值的遗产。可是,直到成年之后,我才意识到自己原来是个发明家。

这种情况是由多种原因造成的。首先,我有一个天才

---

① 美国的一个技术科学杂志,每月出版,创刊于 1913 年 5 月。1917 年 8 月至 1919 年 7 月间,特斯拉在该杂志上发表了五篇文章,并在 1919 年的几期中发表了部分自传。

的哥哥,他的天赋简直出类拔萃极了,其智力世间罕有,从生物学角度看是一个难解之谜。他的英年早逝叫我的父母无限惆怅。我们家有一匹马,一匹血统高贵的阿拉伯纯种马,是一位好友送的,几乎跟人一样聪明,曾经有一次在危急时刻救过家父的命,备受全家人的关心和宠爱。

那是一个寒冷的冬夜,父亲应邀去做一次紧急祈祷,在狼群出没的群山里,那匹马突然受惊,撒腿就跑,父亲重重地摔在了地上。它跑回家时,浑身是血,已累得精疲力竭。可是,报告过险情之后,它立刻就冲了出去,返回到事发地。在搜索的人群离得还很远的时候,父亲就迎了过来——父亲恢复了知觉,骑在马背上,全然不知自己在雪地里躺了足足有好几个小时。正是这匹马摔伤了我的哥哥,使得他英年早逝。我目睹了那场悲剧的发生,虽然过了五十六年却记忆犹新,每个细节都历历在目。回忆起他所取得的成就,我的小小所得与之相比简直天差地别。

无论我做任何事情,做得多好,只会叫父母更加怀念我的哥哥。所以,我小的时候十分缺乏自信。不过,从那时候发生的一件事看来(那件事我至今仍记得一清二楚),我绝对不能算是一个笨孩子。记得有一天,我正和一群孩子在街上玩,几个市参议员走了过来。这群绅士中的一位年龄最长的有钱人停住脚步,要给我们每人一枚银币。来到我面前时,他突然跟我说:"看着我的眼睛。"我照他说的做了,同时把手伸过去,准备领取那枚珍贵的硬币。让我失望的是,他说:"没门,你别想从我这儿得到一分钱,因为你太聪明了。"

还有一件趣事,也是关于我的,总是为人们津津乐道。话说我有两个姑姑,脸都皱得像老树皮。其中一个姑姑长着两颗龅牙,龇出来如象牙一般,每次亲我都会扎进我脸上的肉里。当时我最怕被这两个充满爱心的丑亲戚拥抱。一天,母亲把我抱在怀里,两个姑姑问我她们两个谁更好看。我先是把她俩的脸仔细打量了一番,然后指着其中的一个,以深思熟虑的语气说:"这个不比那个更丑。"

自打我呱呱坠地,家里就准备让我将来当牧师,这种想法使我一直压力很大。我渴望当一名工程师,但父亲固执己见、寸步不让。我的祖父是军官,曾在拿破仑的军队里服役;伯父是数学教授,执教于一所著名学府;父亲跟伯父一样,都接受过军事教育,可奇怪的是,他竟然爱上了牧师这一行,而且干得风生水起。他是个博闻强记的才子,不但是牧师,也是名副其实的物理学家、诗人和作家。据说,他布道时口若悬河,与亚伯拉罕·阿·桑克塔·克拉拉①只是伯

---

① 德国十七世纪牧师,因布道感人而闻名于欧洲。

仲之间。他记忆力惊人,经常用不同的语言背诵大段的经文。他曾经开玩笑说:假如某些经文遗失,他可以凭记忆加以恢复。在写作方面,他的风格颇受推崇,词句简洁明快,力透纸背,充满了智慧。他说话诙谐幽默、妙语连珠,总是那么别致、具有特色。关于这一点,我举两个例子,从中可窥见一斑。

我们家有个叫马尼的仆人是斗鸡眼,是雇来干农活的。一天劈柴,他挥动斧头的时候,家父就站在跟前,心里感到十分不安,于是提醒他说:"看在上帝的分儿上,马尼,千万别砍你眼睛看到的,而应该砍你心里想砍的!"

另有一次,他驾马车和一个朋友外出,那位朋友不小心使得自己昂贵的皮大衣蹭在了车轮上。父亲提醒他说:"把你的衣服往上提提,别把我的车轮蹭坏了。"

家父有个怪习惯,喜欢自言自语,经常自己跟自己说话,慷慨激昂,还以不同的声音展开唇枪舌剑的辩论。要是有谁在外边碰巧听见,会以为屋里有好几个人呢。

虽然必须承认,正是受了母亲的影响我才有了发明创造的能力,但父亲对我的训练也功不可没。这种训练包罗万象,其中有猜度人的心理、找出别人仪容或言语上的毛病、复述冗长的句子和进行心算等。这些日常的训练项目,用意在于加强我的记忆力和推理的能力,尤其是提高我的鉴别力，无疑使我获益匪浅。

母亲出身于乡下的一个极为古老的世家，家族里曾经出过好几位发明家。她的父亲和祖父为了方便家用，发明了许多工具，有农用的，也有其他用途的。母亲是一位真正的伟大女性，具有非凡的能力，性格上坚强勇敢，敢于面对生活中的风风雨雨，经历过无数磨难。

她十六岁那年，一场致命的瘟疫席卷了她的家乡。一次，她的父亲被叫去为一位垂死的人主持最后的圣事。父亲走后，她独自一人去帮助一户邻居——那户人家也染上了这种致命的瘟疫。那户人家共有五口人，一个接一个相继死去。她为逝者沐浴更衣，把他们的遗体摆放整齐，根据当地的习俗用鲜花加以点缀。待父亲归来，她已把所有的准备工作做完，只等着举行基督徒葬礼了。

家母是个不同凡响的一流发明家。要不是与现代社会隔绝，没有那么多的机遇，我坚信她一定会有惊人的发明。她发明和制作过各种各样的工具及家用品，用自纺的棉线织出过精美的图案，甚至还亲自播种，培育植物，从中提取纤维素。她每天从拂晓时分忙到深夜，不知疲倦地操持家务——我们家穿的衣服以及用的家具，大多是她劳动的结晶。年逾花甲时，她仍心灵手巧，能够在一根眼睫毛上打三个结。

我觉醒迟,另外还有一个原因——一个更为重要的原因。少年时期,我深受困扰的是脑海里会常常出现一些影像,还伴有强烈的闪光,模糊了我的视线,使我看不清实物,干扰了我的思维和行动。那些影像是我亲眼见过的画面和场景,并非臆想出来的。当我听别人说到某个词时,我的眼前就会清清楚楚地浮现那个词所指代的影像,以至我有时都无法判断出现在自己眼前的事物是真实的还是仅为幻象。我为此而感到极度不安,忧心忡忡。我咨询过生理学和心理学的学者,但无一人对这些现象做出过令人满意的解释。我觉得这种怪异的现象只发生在我身上,可又认为这样的看法失之偏颇,因为我知道我哥哥也曾遇到过同样的麻烦。经过分析,我得出了这样的结论:这些影像的出现,是在极为兴奋的状态下,大脑对视网膜产生的反射作用。鉴于我在其他方面都很正常,心态也很平和,由此可知,这种影像绝对不是由心理疾病和精神痛苦而导致的幻觉。举例来说我的苦恼:如果我看到了埋死人或者什么刺激性的场面,夜深人静时,这些场面就会逼真地浮现在我眼前,任我怎么赶都赶不走。有的时候,我甚至伸出手到空中去抓它们,而它们竟岿然不动。假如我的推论没有错,那么,将人们想象到的任何事物通过影像投射到屏幕上让人观看,是有可能做到的。这一措施将会彻底改变人与人之间的关系。我坚信，这一设想有朝一日必将变为现实。顺便提一下，我为了解决这一问题已经进行了深入的思考。

为了摆脱这些折磨人的影像，我就千方百计地转移注意力，去想自己看到的其他的事物，这样倒是可以暂时缓解痛苦，但要达到这一目的，我就得想象出新的影像加以替代。没过多久，我就发现自己所掌握的影像已经用尽，"影像库"已空空如也，因为我对世界了解得太少，眼光仅局限于家里以及邻近区域的事物。当我第二次和第三次进行这种脑力活动，企图把眼前的影像驱逐开时，缓解的效力渐渐消失，以至完全无济于事。于是，出于本能，我开始跳出自己所熟知的小天地，结果看到了一些新的影像。这些影像起初模糊不清，朦朦胧胧，一旦我集中精力观看，便倏然不见。不过，久而久之，它们便渐渐趋于清晰，最终与我所见的实物合为一体。

我很快发现，假如不断扩大自己的视野，不断获取新的影像，就能给我的心灵带来极大的安慰，于是我开始远足（当然指的是思维的远足）。一到夜里（有时是在白天），独处一室，我的思想便云游天下，到各个地区、城市和国家游览，在那儿居住和交朋结友。尽管这像是天方夜谭，然而是真实情况——那些朋友对我和蔼可亲，跟现实生活中的朋友别无两样，栩栩如生，宛如在真实世界一般。

就这样,我一直过着神游他方的日子,直至十七岁,才正儿八经地将注意力转向了发明创造。这时,我惊喜地发现:我可以充分利用自己的这种超凡的想象能力,不需要模型,不需要绘图,也不需要实验,单凭想象就可以在脑海中将所有细节看得一清二楚,和真的一模一样。这样,我不知不觉便形成了一套新的方法,将发明创造的理念和观点变为现实——虽然这与纯粹的试验性理论背道而驰,而我却觉得我的方法要快捷和有效得多。

人们设计某种装置,准备用以验证某种不成熟的想法时,不可避免地会纠缠于这种装置的细节和缺陷。随着装置的完善和重构,他们的注意力便会分散,会忽略掉潜在的重大原理,这也许能取得一些效果,但质量会大打折扣。我的设计方法却与之不同,不会急于求成、匆忙动手。一旦有想法,我会立刻在心里构图,在心里对其结构进行修改和完善,然后进行操作。至于涡轮机的发明,不管是在心里进行运作还是在实验室里完成测试,对我而言完全无关紧要。甚至我心里设计的涡轮机出了毛病,我也能觉察到。不管怎样,我的想象与实际情况天衣无缝,没有任何区别,结果都是一样的。以这种方式,我可以迅速地将一种想法付诸实践并加以完善,其间不接触任何实物。直到再也找不出缺陷,将所能想到的一切合理改进都完成时,我才会把在心里最终形成的产物转化为实物。我设计出的装置运行情况每次都跟我的构想吻合，实验结果完全符合我的计划，百灵百验，二十年来从未出现过一次偏差，也不可能会有偏差。我在工程、电气和机械方面的设计和发明全都取得了很好的效果，几乎进行所有的发明创造，都可以根据可行性理论以及实际数据先在心里计算、测试和完成。人们通常的做法是将不成熟的想法付诸实践，依我看纯粹是浪费精力、金钱和时间。

早年虽然经受了精神折磨，但除了以上的收获，我还另有所得。持续不断的脑力劳动提高了我的观察力，使我发现了一个极为重要的事实——脑海中影像的出现每次都是对以前见过的场景的反映，一遇到特殊的、不同寻常的情况就会发生，而每一次我都会不由自主地追溯其源头。过了一段时间，这几乎成了一种不假思索的行为，使得我具有了一种超凡的能力，能够将因和果联系在一起。不久，我惊讶地发现自己的每一种构想都是受到外界的影响而产生的。非但如此，我的行为举止无不以同样的方式受到影响。随着时间的推移，我非常清楚地意识到自己只不过是一台会移动的机器，一旦感官受到刺激便做出反应，进行思考和采取行动。作为这一发现的结果，我提出了自动遥控机械理论——这一理论在操作方面虽然至今尚不完善，但它的潜力最终一定会显现出来。多年来,我一直致力于设计自动控制机,坚信这样的似乎具有理性的机器是可以生产出来的,势必会在诸多商业和工业领域引发一场革命。

大约十二岁的时候,通过艰苦的努力,我终于第一次成功地将影像从脑海里驱逐了出去,但是对于上文提到的那种闪光却始终无力加以控制。那种闪光也许是我最奇特的体验,是一个解不透的谜。我发现自己身处险境或大悲大喜时,经常会出现这样的闪光。有几次,我看到周围到处是燃烧的火舌。随着时间的流逝,这种现象非但没有削减,反而更加频繁,在我二十五岁时似乎达到了巅峰。

1883年,我在巴黎应一位著名的法国制造商邀请出外打猎。由于长期困守在工厂小天地里,出外呼吸到新鲜空气,顿感神清气爽。当晚回城的途中,我觉得极其兴奋,像有一团火在大脑里燃烧。我看到了闪光,就好像脑子里有一轮小太阳在放射光芒。那一整夜,我不断地冷敷我那发烫的脑门。最后,闪光出现得越来越少,也越来越弱,直到三个星期后才彻底消失。后来再有人请我去打猎,我都会斩钉截铁地拒绝。

每当我突发灵感,产生新的想法时,时不时就出现这种闪光的现象,不过不再令人感到那么焦灼,强度也会有所减弱。合上眼睛的时候,每次我先看到的是一片蓝色,一片颜色非常深的蓝,那种蓝色不像是白天晴朗的天空,而像是没有星光的夜空。过上一小会儿,这场景就会变得活跃起来,出现无数绿颜色的闪光点,一层一层的,逐渐向我逼近。随后,这幅场景的右首会出现一个美丽的图案,由两组平行、密集排列的线条组成——两组线条构成直角,五彩缤纷,以黄色、绿色和金色为主。紧接着,线条越来越亮,整个图案密密麻麻布满了闪闪发亮的光点。这幅画面会慢慢地从我眼前经过,大约十秒钟之后从左边消失,留下一片沉闷、叫人讨厌的灰色,而这片灰色很快变成翻腾的云海,那云团挨挨挤挤,似乎竭力想变成人形。奇怪的是,每次这灰色的云海未及成形,第二轮的变化就又开始了。每天入睡之前,都会有人或物的影像从我眼前掠过。看见它们,我就知道自己快要进入梦乡了。看不见它们,就意味着我会彻夜难眠。

幻想对我早年人生的影响究竟达到了什么程度,还有一种奇特的经历可以加以说明。跟大多数孩子一样,我喜欢跳跃,后来产生了强烈愿望,希望自己能飘浮在空中。有时山里刮来一阵富含氧气的强风,我感到自己身轻如燕,于是便纵身一跳,在空中飘浮很长时间——那是一种叫人欣喜若狂的感觉。后来发现这仅仅是幻境,我失望到了极点。

在那段时期,我有许多古怪的个人好恶以及习惯,有些可以归于受到了外界的影响,有些则无法解释。对于女人的耳环,我极其憎恶,可是对于其他的饰品,如手镯等,却比较喜欢,喜欢的程度取决于饰品的设计图案。珍珠会叫我见而生厌,可是我又特别喜欢闪闪发亮的水晶以及带有锐角和平面的物体。除非你用枪逼着我,否则我绝不会用手去触摸别人的头发。看到桃子,我就会发高烧。只要家里有一小片樟脑,无论在什么地方,都能让我坐卧不安。甚至到了今天,我依旧对这些东西过敏,见了就心烦。吃饭的时候,如果汤盘里掉进一小片纸,我就感到嘴里有一股怪异的恶心味道。我走路数步子,吃饭则计算汤盘、咖啡杯的容量以及食物的份数,否则这顿饭就吃不好。我重复过的所有动作或做过的事情,其次数都必须能被 3 整除,如若不然,我就强迫自己再来一遍,哪怕再花上几个小时也心甘情愿。

八岁之前,我性格懦弱、优柔寡断,缺乏勇气和力量,从未有过坚定的信念,情绪不稳定,经常出现波动,从一个极端走向另一个极端。我杂念丛生,愿望就像神话中的九头蛇①,砍掉一个,又会生出两个。我提心吊胆,害怕生活中的苦难,害怕死亡,对宗教具有恐惧感,常常产生迷信的念头,总是怕恶灵缠身,怕妖魔鬼怪以及其他黑暗世界的魑魅。后来,一个翻天覆地的变化突然来到,彻底改变了我的人生

---

① 希腊神话中的怪蛇海德拉拥有九颗头,其中一颗头要是被斩断,立刻又会生出两颗头来。

轨迹。

我最大的爱好就是读书。家父有一个很大的藏书室，一有机会我就溜进去找书看，以满足自己强烈的读书欲。家父却不允许我看书，一见我看书就生气，后来发现我偷偷地看，便索性把蜡烛藏起来，生怕我把眼睛看坏。没有蜡烛，我就找来牛油放进锡铁盒当灯油，用几个小棒棒做灯芯，每天夜里把锁眼和门缝一堵便开始读书，常常会读到次日拂晓时分——此时家人都还在睡觉，只有母亲已经起床，开始了她一天的辛勤劳作。一次，我无意中发现了一本翻译成塞尔维亚语的匈牙利著名作家约西卡的小说，名叫《阿巴菲》（或译《阿巴的儿子》）。这本书不知怎么唤醒了我沉睡的意志力，于是我开始有意识地练习自我控制。

随着时间的推移，这种高强度的脑力训练成了我的第二天性。开始的时候，我必须强行压制自己的意志，但后来愿望和意志便逐渐达到了一致。经过几年的训练，我达到了完全能够自控的程度，常常随心所欲地行事，而这样的"随心所欲"足以摧毁意志哪怕是最坚强的人。在某一个年龄段我染上了赌瘾，叫父母非常犯愁。坐在牌桌旁赌博，对我而言就是天大的乐事。家父的一生堪为人之表率，无法容忍我这般浑噩度日，浪费时间和金钱。我固然有强大的自制力，但人生观却不健康，于是对他说："只要我愿意，随时都可以停止赌博。但是，这种享受只有用天堂的快乐才能够买得到，让我放弃，这值得吗?"他经常冲我发火，对我的行为表示不满。而母亲则不然，她了解男人的脾气，深知要想让我悬崖勒马，得靠我自己大彻大悟。记得有一天下午，我把自己的钱输了个精光，心里还想赌。只见母亲拿着一沓钱走到我面前说:"去痛痛快快赌个够吧。把家里的钱赌光了，你也就甘心了。我知道你一定会浪子回头的。"她说对了——我立刻便控制住了自己的欲望。假如赌博的欲望再强烈百倍，就更能显现出我的自控力，唯此一点叫我感到有点遗憾。我不仅遏制住了赌博的欲望，还将它连根拔起，一点痕迹也没有留下。自那以后，我对任何形式的赌博都不再感兴趣，就像我不喜欢剔牙一样。

有一段时期，我抽烟抽得很厉害，严重地威胁到了我的健康，后来凭借意志的力量，不仅戒了烟，还扼制了抽烟的欲望。很久以前，我曾患有心脏病，后来发现是由于我每天早晨喝咖啡所导致的，于是就不再喝了。我得承认这可不是件容易的事。以这种方式，我还戒除和控制了其他的一些不良习惯和欲望，非但保住了性命，还从中获得了极大的满足(大多数人认为这是苦修生活，牺牲了人生乐趣)。

在完成了格拉茨理工大学①的学业之后，我的精神陷入了彻底崩溃的状态。在这段时期，我观察到了许多奇怪得叫人无法相信的现象。

① 奥地利的格拉茨理工大学建立于 1585 年，是奥地利教育部认可的十八所公立大学中的一所。

第二章　发明创造的最初尝试

那是一段非同寻常的人生经历，容我简单做一介绍，也许会引起心理学和生理学专家的兴趣。再说，这段痛苦的时期对我以后的心路历程以及自己所从事的研究都产生了极为深远的影响。不过，在介绍之前，很有必要回顾一下当时的环境和条件，或许从中可以理出些头绪。

孩提时代，家里就要求我学会自省。这种要求当时折磨得我不轻，但现在我觉得自己因祸得福，意识到自省对人生观的塑造以及个人事业的发展都有着无可估量的价值。职场的压力以及来自四面八方那铺天盖地的事情在多方面使人们倍感危机临头。大多数人都是只关注于外部世界的是是非非，置自己的内心世界于不顾。数以百万计的人过早地死亡，主要原因就在于此。即便关注内心世界的人当中,也普遍存在着一种错误倾向——能不多想就不多想,对真正的危险视而不见。这种倾向个人有之,一个民族也多多少少有之。你只要看一看禁酒运动就一目了然了。禁酒令就流于草率。它通行全国,严禁人们喝酒,但另一现象却显而易见——人们不喝酒了,却从咖啡、烟草、口香糖以及其他东西中寻找刺激,甚至小孩子也如此,对国民的身体造成的危害更大,这从死亡率便可得知。举例来说,上大学时,根据维也纳公布的死亡率,我发现在咖啡一族中,因患心脏病而死亡的人数,比其他人群有时会高出 67%。在别的城市,过量饮茶的人群可能也大致如此。这些醇香的饮品会高度刺激大脑神经,使其逐渐衰竭。它们还会严重地干扰动脉循环,但由于毒副作用出现得慢,不为人所察觉,因而饮者会掉以轻心。抽烟可以使你的思维变得轻松愉快,但是会减弱思维的深度以及强度,而思维的深度以及强度是活跃的原创性智力劳动所必需的。口香糖固然能有用于一时,但很快就会破坏你的腺体系,造成不可弥补的损害,就更别提它还会叫人感到恶心了。少量的酒精不失为极好的补品,但酒精过量则会产生毒副作用,至于你吸收的是威士忌还是胃液里由糖而转化来的酒精,都无关紧要。不容忽视的是,这些东西都是有效的终结者,是大自然的帮手,协助大自然坚持严格而公正的适者生存的法则。热衷于改革的人也应该注意人类历来都有任性的一面,所以与其严加管束,还不如听之任之、任其自然。说句实话,根据现在的生活条件,我们需要兴奋神经的东西以保持高效率的工作,同时又必须从各方面调整和控制自身的食欲及愿望。多年来我就是这么做的,以此在身体和精神上保持青春的活力。我历来不喜欢自我节制,但我发现这样做给我带来了丰厚的回报,使我的人生经历轻松愉快。此处不妨讲两件往事,希望能让一些人相信我的看法和信念。

不久前的一个寒风刺骨的夜晚,由于打不到出租车,我就步行返回下榻的旅馆,路面又湿又滑。后边也有一人在赶路,离我有半个街区远,显然跟我一样也急切想回到住所去。突然,我腾空跳起,就在那一瞬间大脑中闪过一道白光,神经立刻做出反应,肌肉缩紧。我在空中来了个一百八十度的大旋转,落下时双手先着地。然后,我又若无其事地继续走路。

后边的那个陌生人赶上来,不解地打量着我问:"你今年多大了?"

"哦,差不多五十九岁吧。"我回答说,"怎么啦?"

"是吗?"他说,"我曾经见一只猫做过这样的动作,但从未见过一个人竟能如此灵巧。"

大约一个月前,我想买一副新眼镜,于是就去一位眼科医生那里测视力，做例行检查。我远远地就可以十分轻松地看清视力表上最小的标识，使得他向我投来疑惑的目光。但我告诉他，我已年过六十，更是惊得他张口结舌。

我的朋友们经常评价说我穿着得体，衣服非常合身，不宽也不紧。但他们哪里知道，我的衣服都是按三十五年前的尺码定做的，这一尺码从来就没有变过。在这么长的时间里，我的体重也丝毫未变。关于这一点，我可以告诉诸位一段有趣的往事。

那是 1885 年冬天的一个晚上，我和爱迪生先生、爱迪生照明公司的董事长爱德华·H.约翰逊以及该公司的经理巴彻勒先生一道走进了第五大道 65 号（爱迪生照明公司各机构的所在地）对面的一个小处所。有人提议互相猜体重，让我先站到体重秤上。爱迪生摸了摸我全身说："特斯拉体重一百四十二磅，误差在一盎司以内。"结果他猜得非常准确。我当时的净体重（不穿衣服）是一百四十二磅，现在依然如此。我悄悄地问旁边的约翰逊："爱迪生怎么可能如此精准地猜出我的体重？"

"这个嘛，"他压低声音说，"我可以把秘密告诉你，但你不许对别人说。他曾经在芝加哥的一家屠宰场干过很长时间，每天要为几千头猪称重。这就是秘诀。"

我尊贵的朋友昌西·米切尔·迪皮尤①曾经对一个英国人讲过他早年的一段趣闻,听得对方满脸的困惑,一年后才悟出了其中的幽默,乐得开怀大笑。实话实说,我理解约翰逊的笑话,花的时间比那个英国人更长。

我现在身体健康,只是得益于谨小慎微、有节制的生活方式。你恐怕想不到,我小的时候曾害过三次大病,病情无望好转,医生们均以为回天乏术呢。除了生病,由于无知和无畏,我还经历过种种灾难及险境,一次次侥幸脱险,才得以劫后余生。有十好几次我都差点被水淹死。我还差点死于被开水烫和被火烧,亦被埋进过土里,迷过路,被冻僵过。我遇见过疯狗、野猪以及其他野兽,每次都是九死一生。经历过那么多可怕的疾病,那么多形形色色、稀奇古怪的危险之后,我仍精神矍铄、快快乐乐,这似乎像是个奇迹。但回顾这些往事,我坚信自己能够幸存至今,这肯定并非偶然。

发明家的所作所为,从根本上来讲,就是挽救生命,无论是控制自然力还是改进器械,抑或为人们提供更舒适和便利的生活,其本质都是在提高人类生活的安全性。而且,在遇到危险时,他比普通人自救能力强,因为他眼观六路耳听八方,善于随机应变。我在某种程度上就具有这种素质。

---

① 美国参议员。

别的我不敢说，我的一些个人经历还是可以证明这一点的。此处我暂举一两例，由读者自己判断好啦。

话说十四岁那年的一天，我和几个小伙伴在河里游泳。我想吓吓他们，打算潜到一座长长的水上建筑物之下，从另一端悄悄钻出来。就跟鸭子一样，我天生就会游泳和潜水，因而坚信完成这一计划不在话下。于是，我潜入水里，一旦从小伙伴们的眼前消失，便转过身，迅速地向对面游去。后来满以为已经游出了那座建筑物的范围，我便打算浮出水面，谁知竟意外地撞在了一根椽子上。当然，我又急速朝下潜，拼命划水向前冲，直至气都快透不过来了。这时，我再次上浮，脑袋又撞在了一根椽子上。我都有点绝望了，但还是拼尽全力，第三次奋力一搏，结果仍以失败告终。由于缺氧，我感到越来越难以忍受，只觉得头发晕，身子朝下沉。此时此刻，我似乎已完全陷入了无望的绝境。突然，眼前出现一道闪光，那座建筑物的结构变得十分清晰。不知是亲眼看到还是靠猜度，我发现水面和架在椽子上的木板之间有一点空隙，在几乎失去知觉的情况下浮了上去，把嘴贴近木板，总算吸到了一点点氧气。不幸的是，就在这时一个浪头打来，差点把我呛死。这时的我宛若身在梦境，一次次进行尝试，直至狂跳不已的心逐渐平静了下来。之后，我又数次下潜寻找生机，结果屡遭失败，完全失去了方向感。不过,就在小伙伴们已经绝望,正准备打捞我的尸体时,我最终总算成功脱险、绝路逢生。

由于鲁莽,那年的游泳季对我而言算是完蛋了,可是我很快就忘记了那次教训,仅仅两年之后便陷入了更为严重的危险境地。当时我在一座城市里上学,离城不远有一条河,河上有一座拦河大坝,旁边有一个大型面粉厂。一般情况下,河水只比堤坝高出两三英寸,在那儿游泳基本不会有什么危险,所以我喜欢在那儿游泳,把它当成了一种体育项目。一天,像往常一样,我又到那儿享受游泳的快感。就在我游到距离石筑的拦河大坝不远的地方时,惊恐地发现河水已上涨,正在迅速地把我朝下冲去。我试图游开,但为时已晚。不过,幸好我用双手紧紧抓住堤坝,才没有被冲下去。强大的水流冲击着我的胸口,使得我几乎无法把脑袋露出水面。当时看不见一个人在附近,我的呼救声被轰隆轰隆的落水声所淹没。慢慢地,我逐渐耗尽了力气,无法再抵御水流的冲击了。正当我准备撒手,任河水将我冲下堤坝,在坝下的石头上摔个粉身碎骨时,眼前突然出现了一道闪光和一张熟悉的水压原理示意图,表明水流的压力与受力面积成正比。于是,我不由自主地把身体转向左侧,结果就好像被施了魔法一样,觉得水流的压力顿时减小。我发现,以这种姿势比较容易抗击水流的冲力。不过,我仍未脱

特斯拉自传

离险境,知道自己早晚都会被冲走,即便有人发现,跑来救我,恐怕也来不及了。我虽然有两只手,但右臂的力量几乎已用尽,只能靠左手了。因而,我不敢把身子转向另一侧休息,到了山穷水尽的地步,只好顺着堤坝慢慢移动。这时,我的脸是朝着面粉厂的,而那儿的水更急、更深,所以我必须反其道而移动。那真是一场漫长而痛苦的考验。快到尽头时,我差点没功亏一篑,因为我面前的堤坝上有一处凹陷。我耗完了最后一丝力气,总算渡过了难关,一到河岸上就昏了过去。后来,人们在那儿发现了我。我身体左侧的皮肤几乎被河水全部撕了下来,过了好几个星期高烧才退,进而彻底康复。这只是诸多事件中的两个,但足以表明:要不是出于发明家的本能,我恐怕活不到今天讲这个故事了。

很多人对我的发明感兴趣,常常问我是什么时候以及如何开始搞发明的。对此,我只能根据自己的记忆加以回答。记得第一次尝试发明,我的野心是很大的,既想发明一种装置,又想发明一种方法。至于"装置",已有前人发明在先,而"方法"则是由我首创。事情的经过是这样的。

我的一个小伙伴得到了一套钓钩和钓鱼用具,在村子里引起了很大的轰动。第二天一早,所有的小伙伴都跟着他去钓青蛙了,唯独撇下了我一人,原因是我跟他吵过架。我从未见过钓钩,想象着它一定很神奇,具有奇特的功能,于是对不能参加这次活动十分失望。在一种愿望的驱动下，我找来一截软铁丝，用两块石头将它的一端砸出一个锋利的尖，再弯成钩，绑在一根结实的绳子上。随后，我砍了根竹竿，收集了一些诱饵，便到小溪边青蛙多的地方去了。可是钓来钓去我也没钓到一只青蛙，几乎无心再钓了。就在这时，我突发奇想，看见有只青蛙蹲在树桩上，便将空钓钩伸到它面前逗它。起先，它显得萎靡不振，后来渐渐鼓起了眼泡，眼睛里充血，身体也胀得有原来的两倍大，跟着就凶猛地扑上来咬住了钓钩。

我立刻把它拉了上来，接着用同样的方法钓了一只又一只，百试不爽。我的小伙伴们虽然装备精良，却一无所获，见我满载而归，羡慕极了。很长一段时间，我对自己的秘诀都三缄其口，独自一人去垂钓，可最终由于过圣诞节心情好，竟将秘诀公布于众了。这下子，每个小伙伴都学会了这一套，次年夏天给当地的青蛙带来了灭顶之灾。

接下来的一例讲的是我如何靠着最初的本能和冲动采取行动——正是这种本能和冲动日后驱动着我去控制大自然的力量，以造福于人类。这次的发明是由"五月臭虫"（美国人称其为"六月臭虫"）引起的——这是一种真正的害虫，有时数量之多能把树枝都压断，灌木丛里黑压压的到处都是。我把四只"五月臭虫"拴在一个十字架上，将十字架放在一根细轴上转动,再把转动的能量传输给一个大圆盘,这样就获得了相当大的"驱动力"。这些虫子十分卖力,一旦开始工作就不知道休息了,转啊转的,一连几个小时都不会停下来,天气越热,它们干得越起劲。一切都很顺利,直到一个不认识的男孩儿走过来,才出了问题。他是一位奥地利退役军官的儿子。那家伙竟然把我的"五月臭虫"都活活吞吃了,美滋滋的,就好像在享用一道味道绝佳的蓝蚝大菜。我见了恶心极了,于是结束了这种前景辉煌的试验,那以后再也没有碰过"五月臭虫"以及其他的虫子。

根据我的回忆,这之后我拿祖父的钟表开刀,进行拆卸和组装。前几次试验我干得总是很成功的,但这一次屡屡失败。后来,祖父以一种不太文明的方式横加干涉,使我的试验戛然而止。若说再次进行钟表方面的试验,那是三十年以后的事了。

此事过后不久,我用一根空管、一个活塞和两个插栓组装了一支玩具气枪。射击时,活塞冲向枪体腹部,带有两个抓手的管子受到撞击,猛地向后弹去,而两个插栓之间的空气受到挤压便迅速升温,其中的一个砰一声巨响射了出去。组装这样的玩具枪,关键在于选择形状合适的空心管。组装这支枪,我大功告成,但因为试验时会威胁到我家的玻璃窗户而遭到抵制,家里人一个劲给我泼凉水。

如果没记错，接下来我迷上了用木头刻剑，拿家具上的木板当原料（这种原料唾手可得）。那段时间，我受塞尔维亚爱国诗歌的影响，对英雄们的武艺佩服得五体投地，于是便跑到玉米地里，把玉米秆当作敌人挥剑大砍大杀，一砍就是几个小时，糟蹋庄稼不说，还常常被妈妈打屁股。妈妈打我可不是装装样子，而是真打。

这些事都发生在我六岁之前。后来我在斯米莲村（即我的出生地）读了一年小学。接下来，我们举家迁往附近的戈斯皮奇小城。这次搬家对我而言简直就像是一场灾难。家乡有鸽子、小鸡、绵羊，还有颇为壮观的鹅群——鹅群早出晚归，一到早晨便翱翔蓝天，出外觅食，日落时分从觅食地排着整齐的队列返回，那阵容就是叫今天最优秀的空军看了也会自叹弗如。跟它们告别，我的心都快碎了。

在新家，我只不过是个囚犯，整日待在家里透过百叶窗观看外边素不相识的行人。我生性害羞，不愿见人，宁愿面对一只咆哮的狮子，也不愿见那些在街上溜达的城市闲汉。可是，星期天我得穿戴整齐到教堂做礼拜，这叫我难受极了，如芒刺在背。

在教堂，我遇到了一件事，多年后回想起来心里还感到很不是滋味。那是我在教堂的第二次历险。第一次历险发生在这次的前不久，当时我被困在了一座古老的教堂里整

特斯拉自传

整一夜,那座教堂位于难以抵达的高山上,每年只开放一次。不过,这一次跟上一次相比,更令人难堪。

小城里有个阔太太,人是个好人,就是有点爱虚荣,到教堂做礼拜时常常盛装打扮,身穿曳地长裙,仆从们前呼后拥。一个星期天,我到钟楼上敲响了大钟之后,三步并作两步往楼下跑,恰逢这位阔太太经过,结果我不小心踩在了她的曳地长裙上。只听刺啦一声,她的长裙裂开了,声音之大就像是新兵不小心走火闹出的响动。家父气得脸色发青,轻轻地扇了我一巴掌。那是他对我唯一的一次体罚,可是至今我还能感受得到当时的那种滋味。接下来出现的那种令人尴尬和困惑的局面,实在难以用语言表达。我在当地遭到了排斥,后来发生了一件事才叫我挽回了面子,令众人对我刮目相看。

小城里有一位年轻有为的商人,他购置了一辆崭新的消防车,组织了一支消防队,给消防队员每人发了一套制服,指挥消防队训练,准备举办一个检阅仪式。所谓消防车其实就是一个水泵,由十六名队员操作,漆成黑红两色,十分漂亮。一天下午,准备举办正式的检阅仪式,消防车被拉到了河边。人们倾城而出,赶来看这一盛景。大人物讲话等仪式结束后,一声令下,消防队员开始喷水,可是喷嘴里一滴水也喷不出来。教授和专家们群策群力,却找不出哪里出了毛病。我赶到现场时，人们正急得像热锅上的蚂蚁。我在机械原理方面的知识是个零，也不懂得什么空气压力，但却本能地感到是水下的抽水管出了问题，是抽水管堵住了。于是我涉水打通了堵塞处，消防车的喷嘴突然喷出了水，浇到了好几个人的漂亮衣服上。曾经阿基米德①在锡拉丘兹街头裸奔，可着嗓门狂呼"我发现啦"引起过轰动，而他引起的轰动恐怕并不比我所引起的大。我被人们扛在肩头游行，一下子成了英雄。

在小城安顿下来后，我进入一所所谓的师范学校，开始了四年的学业，准备考大学(或大学预科班)。在这段时期，我仍进行各种尝试和探险，麻烦也如影随形。值得一提的是，我在捕捉乌鸦方面颇有建树，在当地享有"捕乌鸦冠军"之美称。我采用的方法极其简单，只不过是到树林里去，躲在灌木丛中，模仿模仿乌鸦的叫声而已。一般情况下，我会先听到几声回应，过不了多久，就会有一只乌鸦扑棱棱落到我跟前的灌木上。这时，我只需扔出一块纸板转移它的注意力，然后一跃而起，一把抓住它，让它来不及逃离密密的灌木丛。用这种办法，我想抓多少只就能抓多少只。不过，后来发生了一件事，使得我对它们敬而远之了。

---

① 古希腊哲学家、数学家、物理学家。

一次，我抓住了两只很漂亮的乌鸦，跟一位朋友胜利而归。谁知一出树林，就见有几千只乌鸦聚在一起，发出震耳欲聋的呱呱叫声。没过几分钟，它们飞过来追我们，将我们团团围住。起初，我还觉得挺好玩，直至后脑勺挨了重重一击，栽倒在了地上。它们对我群起而攻之，吓得我赶快放掉了那两只乌鸦，一头钻进了山洞，与躲在那里的朋友会合，这才松了口气。

学校里有一批机械模型引起了我的兴趣，之后我就开始关注水轮机了。我制作了好多台水轮机模型，并乐此不疲地进行操作。那时的生活简直充满了神奇的色彩，用一例可以加以说明。我的叔叔觉得我这种业余爱好派不上用场，不止一次责备过我。我读过一篇关于尼亚加拉大瀑布①的报道，不由着了迷，脑海中出现了一个巨大的水轮，幻想着可以用瀑布的水加以驱动。我告诉叔叔，说我将来一定要到美国去实现这一计划。三十年后，当我的这一理想在尼亚加拉大瀑布变成现实时，我不由感慨万分，觉得人的大脑真是神秘莫测啊！

除此之外，我还制作了其他一些器械和物件，简直是五花八门，其中最棒的要算弓弩了。我的弩箭射得很远，远得

---

① 位于加拿大安大略省和美国纽约州的交界处。

让你看都看不见，近距离则可射穿一英寸厚的松木板。由于不断练习拉弩射箭，我腹肌发达，肚子上的皮厚得堪比鳄鱼的皮。我常常暗自思忖：归功于这样的练习，我就是吞下小石子，也能消化得了！

另外，投掷石头也是我的一门绝技，此处不能略过不提，若是拿到竞技场上露一手，一定能叫观众惊叹不已。接下来我要讲一件往事，看看我是怎样使用这种古代战场上的武器的，读者听了恐怕会难以置信。一天，我和叔叔在河边散步，但见金乌西坠，鲑鱼在河里嬉戏，不时有鲑鱼跃出水面，闪着亮光，在远处礁石的映衬下其轮廓一清二楚。当然，这种情况非常有利，不管谁用石头砸鲑鱼恐怕都能砸得中。不过，我要做的事情却难得多，并且把我的意图预先详尽地告诉了叔叔。我说我要用石头砸鲑鱼，砸得它贴在礁石上，让它身首异处。我话音刚落，一扬手便完成了这一壮举。叔叔望着我，惊得几乎连魂都没有了，大呼："你是魔鬼，快滚开！"接下来有几天的时间，他都没有跟我说话。这样的光辉事迹将会被淹没在历史的长河里，但我觉得它们给我带来了荣耀，足够我心安理得地回味终生。

第三章　　再接再厉续新篇——发现旋转磁场

十岁的时候，我进入了大学预科班，这是一所新成立的学校，教学设备非常完善。物理系拥有各种各样非常棒的科学试验仪器，电学方面的以及机械学方面的都有。老师经常用这些仪器做示范和试验，看得我心醉神迷，无疑成为鼓励我发明创造的强大动力。对于数学，我也情有独钟，常常因为计算速度快而得到教授的表扬。这得益于我拥有在大脑中将数字形象化并计算的能力，并不是用普通的直观方式进行计算，而是将数字视为有生命的活体。再难的演算，无论是在黑板上书写还是用心算，对我而言都一样容易。不过，徒手画倒是叫我很伤脑筋，而这门课偏偏课时又很多，使得我简直受不了。说来也奇怪，我们家大多数人在这方面都是高手。也许，我之所以如此反感徒手画，只不过是因为我偏爱静思,而将其视为干扰罢了。要不是班上有几个笨得不能再笨,什么都不会的学生垫底,我这门课的成绩肯定就是最差的了。根据当时的教育制度,徒手画是必修课,这成了我的一个棘手难题,过不了这个坎就会影响我的整个求学生涯。家父耗尽了心力才算帮助我渡过了一道道难关。

在该校求学的第二年,我产生了一种构想,并为此而着了迷,即利用稳定的空气压力催发连续运动。前面所述的修好消防车的事件让我大受鼓舞,充满青春活力的想象也得到了充分的激发,使我意识到真空可以产生无穷无尽的能量。我如痴如醉,一门心思想掌控这取之不尽用之不竭的能量,但在很长一段时间里只是在黑暗中茫然地摸索。不过,我的取向最终趋于明朗,那就是推出一项发明,做一件前人没有做过的事情。

我的设想是:取一个圆柱形的装置,装上两个轴承,使之能够自由旋转,这一装置的外边套一个长方形的槽,二者紧连在一起,中间没有缝隙;槽的开口一侧用一个隔板封上,圆柱形装置的内部被隔板分隔成两部分,中间由不漏气的滑动接头将其完全分开。这两部分中的一部分完全封闭,只要把它里面的空气彻底抽空,另外一部分就会自动敞开,这样,圆柱形的装置就能不停地旋转。至少,我是这样设想的。我用木头做了个模型,极其精心地将各部件组装在一起,从一侧用气泵抽气。看到圆柱形的装置开始旋转时,我高兴得简直都快发疯了。

　　我曾经手持一把撑开的雨伞从房顶跳下,结果摔得很惨,成了我的一段令人沮丧的回忆。但我还是想实现一个梦想——借助机械在天上飞行,每天都到远方旅行。只是不知如何才能梦想成真。现在,我有了具体的计划——制造一架飞行器,上面只安一个转轴和一双上下扇动的翅膀,靠永不枯竭的真空能量驱动!一旦大功告成,我就可以乘坐着舒适、豪华的飞行器每天翱翔于蓝天——乘坐这样的飞行器,恐怕只有所罗门国王才够格。数年之后我才明白过来:气压对圆柱形装置的表层形成正确的角度才能产生作用,而我所看到的圆柱形装置微微旋转的现象是因为漏气造成的。尽管这一点是我逐渐悟出来的,但它对我的打击还是挺沉重的。

　　刚完成大学预科班的学业,我就大病了一场,或者说大病了十几场,情况非常危急,弄得医生束手无策。就在这段时间,我仍然坚持读书,从当地的公共图书馆借书。这家图书馆平时很少有人去,请我帮忙对图书进行分类并帮着编辑图书目录。一天,图书馆交给我几卷新出版的文学作品叫我编进目录。这几本书跟我以前看过的书迥然不同,十分引人入胜,使我完全忘掉了自己那令人绝望的健康状况。它们是马克·吐温①的早期作品。也许是因为看了这几本书,我竟然奇迹般地恢复了健康。二十五年之后,我结识了克莱门斯先生,和他建立了友谊。我把这段往事讲给他听,惊奇地看到这个伟大的人物竟哈哈大笑,把眼泪都笑出来了。

后来,我又到克罗地亚的卡尔洛瓦茨②(我的一个姑姑住在那里),在那儿的一所更高一层次的大学预科班继续学业。那个姑姑是当地的头面人物,丈夫久经沙场,是个参加过无数次战斗的陆军上校。我在他们家住了三年,那段时光令我终生难忘。他们家的家规甚至比战争时期的军规还要严。我就好像一只被精心饲养的金丝雀,吃的饭菜顿顿都质量高、味道鲜美,但少之又少,只有我正常食量的十分之一。姑姑把火腿切成像纸一样的薄片,如果上校往我的盘子上添加食物,会被她一把夺走,同时会情绪激动地对上校说:"还是小心点好,尼科③胃口弱,别吃撑着了!"其实我饭量极大,这一下就像坦塔罗斯④一样受起了洋罪。

---

① 美国著名作家,原名萨缪尔·兰亨·克莱门斯,代表作品有小说《百万英镑》《哈克贝利·费恩历险记》和《汤姆·索耶历险记》等。
② 克罗地亚西北部城市,设有大学和克罗地亚最古老的图书馆,还有中世纪建的教堂和城堡遗迹。
③ 尼古拉·特斯拉的昵称。
④ 希腊神话中宙斯的儿子,后来由于得罪了众神而被打入地狱,过上了饥渴难忍的日子。

不过，姑姑家洋溢着典雅的气氛，具有浓浓的艺术品位，这在那个时期以及那种历史条件下是极为罕见的。那个地区的地势低洼，沼泽密布，虽然服用了大量的奎宁，我还是摆脱不了疟疾和高烧的纠缠。有时河水上涨，成群结队的老鼠会涌进民宅，见什么吃什么，甚至连晾晒的干辣椒串也不放过。消灭这些害虫成了我的一种很好的消遣。我使用各种办法大大减少了它们的数量，在当地赢得了一个不值得羡慕的"灭鼠王"的称号。最后，我终于完成了大学预科班的学业，结束了饿肚子的苦难生活，拿到了毕业证，也走到了人生的十字路口。

在那些年里，父母的决心一直没有动摇，一心一意想让我将来当牧师。一想到这一点，我心里就发怵。在学校物理学教授那令人兴奋的影响下，我已经对电产生了浓厚的兴趣。那位教授极具创造力，经常发明仪器，用来阐释物理学原理。记得他发明了一个仪器，那是一个可以自由旋转的球状物，外面用锡纸包裹，跟静电起电机连接在一起时，就会飞速旋转。亲眼看见他展示这种神奇的景象时，我心潮澎湃、激动万分，那种心情实在无法形容。每一个场景都会在我心里激起千层浪花。对于那种神奇的静电力量，我渴望了解更多，渴望从事这方面的试验和研究，一想到将来要当牧师就感到沮丧，心里隐隐作痛。

正当我收拾行囊,准备长途跋涉返回家乡时,家父却叫人传来了话,叫我去参加狩猎。这一要求十分奇怪,因为他历来都是强烈反对狩猎活动的。但过了几天,我得知了真相——霍乱正在我们家乡肆虐逞凶。我没理会父母的愿望,还是找了个机会返回了戈斯皮奇。这种灾难每隔十五年至二十年就会蹂躏我们的家乡一次,人们对其起因却一无所知,无知的程度简直匪夷所思。他们以为这种致命的疾病是靠空气传播的,于是就用刺鼻的气味和烟雾消杀空气里的病菌。与此同时,他们却饮用受到污染的水,大批大批地死去。我返回家乡的当天就染上了这种可怕的疾病,后来虽然度过了危机,还是在床上躺了九个月,几乎动弹不得。此时的我体力已完全耗尽,第二次来到了阎王殿的门口。

我的病情一次次发作,其中有一次使我生命垂危。父亲冲进了病房(他那苍白的面孔至今仍浮现在我眼前),用他自己都不相信的话语安慰我,叫我振作起来。我说:"如果你同意让我学习工程技术,我也许可以恢复健康。"他郑重地向我许诺:"我要让你上天下最好的工学院。"我知道他会说话算话的。于是,我心里的一块大石头总算落了地。不过,要不是喝了用一种很奇异的豆子熬出来的苦汤,产生了起死回生的疗效,家父的许诺也是顶不了用的。结果,就像拉撒路①一样,我被从死神那儿拉了回来,让所有的人都惊讶万分。

父亲坚持让我到山区过上一年,以爬山作为有益于健康的户外运动,我无可奈何地同意了。这一年,我大部分时间都是带着猎人的装备和一捆书在群山里转悠,由于跟大自然亲密接触,不仅增强了体质,心智也大增。

我不断地思考和计划,产生了许多构想,但几乎无一例外都是虚无缥缈的。我的构想倒是很清晰,只苦于对原理的了解十分有限。在其中的一项发明项目里,我提出在海底铺设一根跨海管道,将信件和包裹放在一个十分结实、足以抵御水压的球形容器里,通过管道进行传送。我对为管道提供水压的水泵站进行了精确计算和设计,其他的细节也精心规划,陆续出炉。后来只是由于一个小小的细节被稍加忽略,这个发明项目便无果而终了。我原以为水流速度可快可慢,于是便拼命提高其流速,希望以准确的计算为基础产生最佳效果。然而,经过进一步思索,还是解决不了管道如何耐受强大水流的问题,便决定将这一发明交给公众,由公众完成。

我还有一个发明项目是建造一个环形悬浮器,绕赤道

---

① 《圣经》中的人物,死后被耶稣救活。

运行,当然是可以无拘无束地悬浮在空中了,能高速飞行,靠反作用力制动。搭乘这样的悬浮器,时速可达一千英里左右,这是火车无法比拟的。对此,读者也许会付之一笑。这个项目难以实现,这我得承认,但还不至于像纽约的那位名教授所提的方案那么荒唐。此人想把热带的空气抽到温带去,全然忘了上帝为此目的已经提供了一台巨大无比的机器。

除此之外,我另有一种构想,一种极为重要也极为有趣的构想,那就是利用地球自转获取能量。我发现:由于昼夜更替,地球上物体运动的方向随着地球的转动会发生改变,有时是平移,有时则是朝着相反的方向运动。人类可以用极其简单的方式将这一巨变所产生的能量加以利用,为任何一个有人居住的地区提供动力。后来我才意识到自己跟阿基米德一样陷入了窘境(阿基米德竟然幻想在宇宙找一个支点将地球撬起),当时失望的心情是无法用语言表达的。

假期结束后,我被送到了奥地利施蒂里亚州格拉茨市的理工学院学习——那是一所历史悠久、声名卓著的大学,是父亲专门为我挑选的。我翘首以待的时刻终于到来了,而且衣食无忧,于是我立刻投入学习中,一心一意要取得成就。由于父亲的潜心教育以及各种各样的机会,我的基础胜他人一筹。我掌握了几门语言,曾在好几个图书馆里博览群书,从中获取的知识多多少少都是有用的。还有,我可以选择自己喜欢的科目,这可是破天荒第一遭。我再也不用为徒手画而焦虑了!

我下定决心一定要给父母一个惊喜,头一学年便开始发奋,每天凌晨三点起床,一直学到夜里十一点,星期天和节假日也不例外。鉴于大多数同学都不用功,自然而然,我在各个科目上都拔了头筹。那一学年,我通过了九门考试,教授们都认为给我最高分也不为过。放假后,我拿着写满教授赞语的成绩单回到家,准备稍微休整一下,满以为这是胜利而归,谁知家父对我辛辛苦苦挣来的荣誉竟毫不介意,使我一下子泄了气。这几乎扼杀了我的雄心壮志。他去世之后,我发现了一捆教授们写给他的信,不由心如刀绞——那些信说,如果不让我辍学,我一定会由于过分用功而丧命。

开学后,我把主要精力都用在了物理学、力学和数学上,课余时间则泡图书馆。我不管做什么事情,都有一种名副其实的狂躁病,常常因此而陷入困境。一次,我着手攻读伏尔泰的著作,诧异地发现那个"怪才"靠一天喝七十二杯黑咖啡竟然写了近一百卷的东西,每一卷的字都密密麻麻!再多也要看完! 当看完他的最后一卷书,将其放到一旁时,我感到十分高兴,说道:"总算完了!"

我在第一学年的出色表现赢得了好几位教授的赞赏和友谊。他们当中有教算术学和几何学的罗格纳教授、负责物理学理论和试验教学的波伊施尔教授以及教积分学并对微分方程有深入研究的阿里博士。在给我上过课的教授里,阿里博士讲课讲得最为精彩。他特别关心我的进步,常常上完课后仍留在教室里为我答疑解惑,一待就是一两个小时——他的讲解令我感到心情愉悦。我曾经向他介绍了自己构想的飞行器,这个构想是以合理的科学原理为基础的,并非不切实际的想象。如今,由于我发明了涡轮机,这个构想已经变成了现实,不久将会面世。若说罗格纳和波伊施尔两位教授,他们都是很独特的人。前者讲课的方式很有特色,讲到高潮时常常会戛然而止,随之而至的就是漫长、令人尴尬的停顿。波伊施尔教授是一位条理清晰、极为务实的德国人。他手脚粗大,宛若熊掌,但做试验历来娴熟而精确,从未有过丝毫的误差。

在第二个学年,一台格拉姆发电机①从巴黎运到了我们学院,装有马蹄形的复合场磁铁和一个用线圈绕成的电枢,而电枢上装有整流器。各个部件接通之后,效果不同的电

---

① 由法国人格拉姆所发明。

流便出现了。波伊施尔教授在演示时,把它当作发动机操作,结果电刷出了毛病,冒出了大量火花。我提出:不要那些附件,机器照样可以运转。他认为那是绝对行不通的,同时叫我阐述了一下我的观点。我讲完后,他说:"特斯拉先生也许能成就伟大的事业,但在这件事上的看法注定行不通——这等于是要改变万有引力那样的稳定的引力,使其成为旋转的力。这是永动机的概念,永远不可能实现。"但是,人的本能是可以超越知识的。毫无疑问,我们大脑中埋藏着一些神奇的神经纤维,当我们的逻辑推理或其他思维方式无能为力时,它们能帮助我们发现真理。在教授的权威论断下,我曾一度发生了动摇,但很快就坚信自己是对的,而且以年轻人的那种狂热和无穷的信心投入这项研究之中。

作为第一步,我在大脑里构想出一台直流发电机,想象它运转起来的样子,并观察电枢中电流的变化。接下来我再构想出一台交流发电机,然后按照相同的方式研究它的运作情况。作为第三步,我构想出几个由发动机和发电机组成的机组,用各种方式操作。我脑海中出现的那些影像非常逼真、非常清晰。在格拉茨的剩余时间里,我一直在进行这项研究,十分紧张,但无果而终。最后,我几乎断定这是一个无法解决的难题。

1880 年,我去了波希米亚的布拉格,希望能完成父亲的心愿,在那里完成大学学业。在那座城市里,我采取了决定性的一步,把发电机的整流器卸下来,细心观察发电机在新状态下的运行情况,结果还是一无所获。在接下来的一年中,我对生活的认识突然发生了转变,意识到父母为我做出的牺牲太大了,于是决定减轻他们的负担。当时,美国的电话热刚刚波及欧洲大陆,匈牙利的布达佩斯打算设立电话局。这似乎是一个理想的机遇,而我家有个朋友恰恰是电话公司的负责人。进了电话局后,我的神经却达到了完全崩溃的状态(这一点上文提起过)。

患病期间的那段经历可能会让你无法相信。我的视觉和听觉一直都好得出奇。若论视觉,远处别人压根看不见的东西,我却看得一清二楚。谈到听觉,小的时候我好几次隐约听见邻居家有噼噼啪啪大火燃烧的声音(那声音没有将邻居从睡梦中惊醒),便大呼救火,使得邻居家没有被大火吞没。

1899 年,我已过不惑之年,正在科罗拉多进行试验。当时,我可以清楚地听见五百五十英里开外的雷声,而我的年轻助手们听觉范围最远不超过一百五十英里。所以说,我的耳朵的灵敏度是普通人的十三倍①还要多。然而，说起来，这样的听力跟我神经高度紧张时的听力相比，简直就跟聋子一样。在布达佩斯的那段时间，隔着三个房间，我都可以听到钟表的嘀嗒声；屋里如果有苍蝇落在桌子上，我的耳朵会听见砰的一声沉闷的巨响；几英里外有马车驶过，会震得我浑身发抖；二三十英里以外的火车鸣笛，我会觉得自己坐的板凳或椅子在剧烈摇晃，觉得地面也在不停颤抖，会产生无法忍受的痛苦感。为了能睡得着觉，我只好在床下铺了橡胶垫子。远或近传来的喧闹声，让我觉得就跟有人冲我喊话一样，如果不能将那些声音一一分辨清，定会被吓着的。阳光如果时隐时现，就会对我的大脑造成冲击，使我感到头晕目眩。从桥下或其他建筑物下走过，我会感到有千钧之力压在我的头上，这时我就必须运作起全部的意志力加以抵御。在黑暗中，我的感觉和蝙蝠一样敏锐，能感知得到十二英尺之外的物体——如果那儿有东西，我的脑门上会产生一种麻麻的奇异的感觉。我的脉搏跳动极不均匀，有时每分钟只跳几下，有时一分钟会跳二百六十下，身体的各个部位都会随之颤抖、抽搐和哆嗦，而这也许是最叫人难以忍受的。一位名医让我每天服用大量溴化钾，说我得的

① 原文是 thirteen times（十三倍），按理应该是 three times（三倍）。

是一种怪病,是不治之症。

无限遗憾的是,当时没有生理学家和心理学家对我的病情进行观察研究。虽然我压根就没有指望能够恢复健康,但我孤注一掷,不愿放弃生命。有谁能相信,就是这样一个身处绝境的病人竟能起死回生,成为一个精力充沛、坚忍不拔之人,又工作了三十八年后,中间无一天间歇,仍然身体强壮、思维活跃?这就是我的经历。我强烈渴望活下去,渴望继续我的事业,再加上一位运动员挚友的倾力帮助,奇迹出现了——我不仅恢复了健康,思维也变得更加活跃了。

后来再次回想这段经历,我还真有点遗憾呢,觉得那次战斗结束得太早了——我还有许多能量没有用上呢。在和疾病做斗争的时候,我跟普通人的想法不同。对我而言,那是一场神圣的战争,是你死我活的搏斗,情知如果失败,就会命丧黄泉。我觉得我是胜出者。其实,在我的内心深处早已有了答案,只是当时未能用语言表达出来而已。

一天下午,我和朋友在城市公园一边散步一边背诵诗歌——当时的情景至今仍历历在目。那个年龄的我看书过目不忘,能倒背如流。夕阳西沉,使我想起了歌德的《浮士德》里一段壮丽的诗句:

太阳西坠,结束了一天的劳累,

急匆匆奔向远方，到新天地去绽放生命的花蕾；

呜呼，只恨我没有翅膀摆脱大地的束缚，

去追踪，去寻觅太阳的光辉！

太阳隐去了身影，却留下了一个梦，光辉不退！

哦！我的身体没有翅膀，

何不给思想插上翅膀，让思想腾飞！

当我背诵这段发人深省的诗句时，好像有一道闪电从我的脑海中划过，刹那间眼前出现了一组示意图。我马上找了一根树枝在沙地上把示意图画出来，六年后在给美国电机工程学会作报告时把它们展示给了听众。当时陪我散步的那个朋友对于我的示意图是完全能够看得懂的。我脑海中的影像出奇地清晰和具体，就跟眼前看到了实物一样，于是便对朋友说："瞧，这是发动机！看好，我要让它动起来！"当时我的那种激动心情，现在是无法形容的。即便皮格马利翁①看见自己的雕塑变成了活人，也并不一定比我更激动。就算我偶然发现了一千个大自然的秘密，对我而言也不及这一发现价值大——它是我经历了千难万险，眼看就要进入鬼门关时得来的。

---

① 皮格马利翁是希腊神话中的塞浦路斯国王，善雕刻，曾雕刻了一座美丽的象牙少女像，并爱上了她。爱神阿佛洛狄忒被他打动，赐予雕像生命，并让他们结为夫妻。

第四章　　　发明特斯拉线圈和变压器

　　有一段时间,我在大脑中构想机器的图形,发明各种新机器,陶醉其中,享受着极大的欢乐。那是一种心灵的愉悦,恐怕是我一生中最大的幸福。我思如泉涌、灵感倍出,难就难在抓住那稍纵即逝的念头。我所构想的种种机器都是实实在在、真真切切的,每一个零件都清晰可见,甚至连机器上的小斑点和磨痕都历历如在眼前。在想象中,我乐于让发动机一刻不停地运转——那样的画面更叫人赏心悦目。当天生的兴趣爱好逐渐发展成为一种强烈的欲望时,一个人就会大踏步向自己的目标迈进,犹如穿上了七里格靴子①。实际上,在不到两个月的时间里,我就发明了许多

---

　　①　神话故事里的靴子,穿上后一步就能迈出七里格(一里格约等于三英里)。

种类的发动机,并对其进行改进(如今,这些机器均以我的名字而命名)。后来,由于生活的需要,我暂时终止了这种耗费心力的脑力劳动——也许,这是幸运之举。

由于看了一份新闻报道,预告布达佩斯要发展电话业,于是我便来到了这座城市。受到命运的捉弄,他们叫我在匈牙利政府管辖的电报总局当绘图员,无奈之中我也只好接受了这份工作。至于工资嘛,此处不便透露,还是不说的好!幸运的是,我很快就赢得了总监的赏识,另有委任,让我负责设备安装方面的计算、设计和评估。电话局开始运营后,我仍从事这三方面的工作。这份工作使我积累了宝贵的知识和实践经验,同时我的发明创造才能也得到了充分施展。我对电话总局的装置做了许多改良,还完善了电话中继器(或称电话增音机)——这项技术没有申请专利,也没有公开宣布,然而,甚至到了今天也还非我莫属。布达佩斯电话业的创办人普斯卡斯先生对我的工作效率非常认可,结束了他在这座城市的业务后,邀请我到巴黎去工作。我高兴地接受了他的邀请。

巴黎是座充满奇幻魔力的城市,它给我留下的印象极深,令我终生难忘。一连几天我都在城里转悠,流连于巴黎的街头,这儿有看不尽的新奇景象,让人惊讶和陶醉。各种景观随处可见,都具有难以抵御的魅力,弄得我花钱如流水,工资一到手便花个精光。一次,普斯卡斯先生问我在这个新环境中感觉如何,我言简意赅,用一句话概括道:"每个月的后二十九天是最难熬的!"我的生活紧张有序,按现在的话说过的是"罗斯福①式的生活"。每天清晨,不管刮风还是下雨,我都会步行从我居住的圣马塞尔林荫大道去塞纳河畔的游泳馆,在泳池里游上二十七个来回,随后再步行一个小时到伊夫里,那儿是公司工厂的所在地。七点半,我会在厂里吃一顿工作早餐,接下来就满怀希望等着吃中午的那顿饭了。在这期间,我会为工厂的经理查尔斯·巴彻勒先生(此人是爱迪生的好友和助手)解决一些难题。在这里,我结交了几个美国人。因为我台球打得好,他们都非常喜欢我。我向他们推介了自己的发明,机工车间的负责人坎宁安先生提出应该成立一家股份公司。我觉得他的提议荒唐可笑,实在不明白我的发明跟股份公司有什么关联,以为美国人就喜欢异想天开,于是便没有采取任何措施。在后边的几个月,我老是出差,辗转于法国和德国各地的发电厂,为发电厂排除故障。回到巴黎后,我向公司的一位高管罗尔先生提交了一份改进发电机的计划书,得到了他的首肯。结果,我大功告成,让董事们喜出望外,于是他们授权

---

① 连任四届的美国总统,也是美国历史上任期最长的总统。

给我,让我研发自动稳压器,而这正是我梦寐以求的。

此后不久,阿尔萨斯地区的斯特拉斯堡新火车站的照明装置出了问题。在火车站剪彩仪式上,由于电线短路,照明装置发生了爆炸,把一大段墙都炸塌了,而当时德国的老皇帝威廉一世就在现场。结果,德国政府拒绝使用这一套照明装置,这一来,我们的法国公司将遭受巨大的损失。考虑到我会说德语,而且经验丰富,公司就派我去解决这一难题,希望能将此事搞定。我临危受命,于 1883 年初去了斯特拉斯堡。

在斯特拉斯堡市发生的一些事,给我留下了难以磨灭的印象。真是无巧不成书,我在那里遇见了一些杰出人才,而他们日后都成了风云人物。后来,我曾对人说:"那座古老的城市有一种细菌,谁染上了就能成为伟人。许多人都患了'伟人症',而我却是个例外!"我没黑没白地工作,又是排除设备故障和与各方沟通,又是跟政府官员协商。但只要能挤出一点时间,我就会跑到火车站对面的机械车间里,用我从巴黎带来的材料组装简易发动机。不过,简易发动机的试验一直耽搁到那年夏天才完成。当我看到这台发动机在没有滑动触点和整流器的情况下,受到不同相位的交流电驱动,仍然可以运转时,心里快慰极了——这跟我一年前构想的一样。我当时喜悦盈怀,但那种心情与后来第一次向世人展示这一成果时所表现的欣喜若狂，又是无法比拟的。

在我新结交的朋友中，有一个就是斯特拉斯堡的前任市长博赞先生。我向他介绍了我的新设备和其他的一些发明，想赢得他的支持。他侠肝义胆，对我很仗义，向好几位阔佬推荐我的规划，叫人失望的是，竟无一人感兴趣。他绞尽脑汁，一心想帮助我。1919 年 7 月 1 日那天回忆往事，我想起了他的一种"帮助"——那帮助不是金钱方面的，却仍让我心怀感激。话说 1870 年德国人入侵斯特拉斯堡时，他曾把一批 1801 年酿造的圣埃斯塔菲①酒埋在地下藏了起来。他声称，没有人比我更有资格喝这种名贵佳酿了。可以说，跟前边所提到的事情相比，这是最叫我难以忘怀的一件事。这位知心的朋友劝我尽可能早日返回巴黎，在那儿寻求资助。我倒是巴不得赶快回巴黎，但我的工作和谈判遇阻，小麻烦不断，久久不能结束，当时的情况很不乐观。

在这里，我想叙述一段有趣的经历，以此说明德国人是怎样一丝不苟和讲求"效率"的。当时，一条走廊里需要安装一盏十六烛光功率②的白炽灯，我选定了位置，让电工铺设电线。干了一会儿，电工突然提出必须咨询一下工程师，

---

① 圣埃斯塔菲是法国的四大酒庄之一，主要生产红葡萄酒。
② 旧时的发光强度单位。

于是便征求了工程师的意见。工程师先是这不是那不是地说了些反对的话，最终同意把灯安在距离我选定的位置两英寸远的地方。接下来，工作继续进行。过了一会儿，那位工程师突然有点忧心忡忡，对我说应该请示一下质检员艾沃戴克才行。那位大人物被请了来，又是测量，又是跟工程师争论，最后决定把灯的位置朝后移两英寸，而这个位置正是我原先选定的。可是，不一会儿，又轮到艾沃戴克感到不安了，说此事他曾向质检督察黑尔罗尼莫汇报过，让我等黑尔罗尼莫的决策。由于琐事缠身，那位质检督察几天后才抽出了空。但他最终还是来了，经过两个小时的讨论，决定把灯的位置再朝外移两英寸。我希望他可以就此一锤子定音，但这一希望还是破灭了。他走后又返了回来，对我说："冯克委员是很挑剔的。对于这盏灯的位置，没有他的明确批示，我不敢轻易决定。"于是乎，我们做了些安排，准备迎接那位大人物的光临，一大早就洒扫庭除、擦擦洗洗、整理仪容。我还特意戴上了手套。冯克来的时候前呼后拥，受到了隆重的接待。经过两个小时的深思熟虑，他突然宣称有急事必须走了，然后随手指了指天花板上的一个位置，命令我把灯就装在那儿——那儿正是我最初选的位置！

　　事情就这样一波三折、一天一变，但我决心已定，不管付出什么样的代价都要达到目的。功夫不负有心人，我的努力得到了报偿！1884年春,所有的分歧都消除了,对方最后终于接受了我方的照明装置。我怀着美好的憧憬回到了巴黎。公司的一位高管曾经许过诺,说如果我促成此事,就发给我一大笔奖金,另外还给我一笔数量可观的钱奖励我对发电机做出的改进。我满怀希望,想着能拿到许多钱。公司总共有三位高管,为了方便,我就分别用A、B、C指代。当我去找A要钱时,他告诉我决定权在B那里,而B又认为只有C可以敲定,C则非常肯定地说只有A才有权决定是否给我钱。经过几轮的拉锯战和扯皮,我才意识到:所谓的奖金其实不过是一张空头支票。

为研究项目筹集资金的努力也遭到了彻底失败,令我的一颗心沉到了谷底。巴彻勒先生劝我到美国去发展,为爱迪生设计新机型。于是,我决定到那个希望之乡去碰碰运气。可谁知这次机会差点跟我失之交臂。我变卖了自己那少得可怜的物品,预订了火车票,赶到火车站时,却发现车已经开动了。就在这时,我发现口袋里的钱和车票都不见了踪影,怎么办？赫拉克勒斯①在决定何去何从时,倒是有充裕的时间从容考虑,而我却不然——我一边追着火车跑,一边必须即刻做出决定,心里千头万绪,乱成了一锅粥,

① 古希腊罗马神话中的大力神。

似冷凝器一般剧烈震荡不已。就在这紧急关头，我当机立断，决定乘船走——根据以往的经验，乘船虽然不舒服，但很便宜。于是，我带着自己所剩无几的东西登上了前往纽约的轮船，那些东西中包括我写的几首诗和几篇文章，还有一捆写满计算题的纸张（那些计算题有的是对不可解积分的答案，有的涉及的则是我发明的飞行器）。途中，大部分时间我都坐在船尾，随时准备救落水之人，对于自身的安危完全置之度外。后来，我懂得了一些美国人务实的世界观，回忆起这段经历不由感到后怕，实在不明白自己当时怎么那么傻。

在此，我想讲一讲我对美国的第一印象。我看过几篇阿拉伯神话故事，讲述的是神仙施展神通，将普通人送到了充满梦想的国度，让他们经历了令人兴奋的事件。我的情况恰恰相反——神仙把我从一个充满梦想的世界送到了一个极为现实的世界。我所离开的那个国家风光旖旎，充满了艺术气氛，处处叫人心醉，而在美国看到的却是一个机器驱动的社会，粗野和缺乏吸引力。我看见一个大块头警察在街上巡逻，手持警棍（那警棍在我看来简直就是一根大棒），于是便走上前彬彬有礼地问路。"往前走六个街区，然后向左拐弯。"他回答说，眼睛里却闪出恶狠狠的光。我感到又难过又惊讶，不由暗想："美国就是这个样？在文明程度上简直比欧洲落后了一个世纪!"1889年我离开美国时,我则坚信美国比欧洲先进一百年,回来后五年过去了,直到今日我还坚持这种看法。

在我的一生中,跟爱迪生结识是一件值得纪念的事情。这个杰出的人才早年没有受过良好的教育,在科学研究方面也没有受过训练,却取得了那么辉煌的成就,实在令我刮目相看。我学习过十几种语言,钻研过文学和艺术,大好年华是在图书馆度过的,在那儿如饥似渴地博览群书,从牛顿的定律到保罗·德·科克的小说无所不看,觉得自己大部分的时间都被浪费掉了。但没过多久我就意识到那样的知识积累是我所干过的最棒的事情。没出几个星期,我就赢得了爱迪生的信任。情况是这样的——

当时最快的蒸汽机客轮"俄勒冈号"由于两台照明发电机都出现了故障,不得不停航。那艘轮船的上层建筑是发电机系统安装好之后才建造的,所以发电机是不能从船上卸下来的。情况很危急,爱迪生十分苦恼。当天傍晚我携带工具登上了那艘轮船,苦干了一夜。发电机损毁严重,多处短路和漏电,但在船员的配合下,我终于成功地排除了所有故障。次日凌晨五点,我穿过第五大道返回工厂,路上碰见了爱迪生,他和巴彻勒等人刚从工厂出来,正准备回住处睡觉。"瞧,咱们的巴黎人在夜里逛大街!"他说道。我告诉他说我刚刚从"俄勒冈号"下来，已经把两台机器都修好了。他听后默默地看了看我，然后一声不吭地走开了。可他走了一段距离之后，我听见他说："巴彻勒，这家伙真棒！"自此，我在工作方面便有了充分的自主权，每天从上午十点半一直干到次日凌晨五点，没有一天休息的，差不多有一年之久。爱迪生对我说："我有过许多勤奋工作的助手，但你是最好的。"在这段时间，我设计出了二十四种标准短芯发电机，相同的模式，取代了原来的机型。工厂的经理曾许诺，说我完成了这个项目之后就给我五万元的奖金，谁知他的话竟成了玩笑。这对我打击很大，于是便辞职不干了。

辞职后，立刻就有人找上了门，提议以我的名义成立一家弧光灯照明公司。我欣然同意了，觉得终于有机会研发发动机了。可是，当我提出这个方案时，我的新同事说："这是不行的。我们需要的是弧光灯，对你的交流电发动机不感兴趣。"1886年，我研制的弧光灯系统获得了成功，被应用到工厂和市政照明上。这下子我成了自由之身，然而一无所获，只有一张印刷精美但不能当饭吃的股权证书。在接下来的一段时间，我在自己不太熟悉的领域里苦苦奋斗，最后还是获得了报偿——在1887年4月，特斯拉电气公司终于成立了。我有了自己的实验室和设备，研制出了发动机——那些发动机跟我以前构想的一模一样。对于以前的设计方案,我没有做丝毫的更动,而只是将脑海里出现过的设计图变为了现实,运行情况完全符合我的预想。

1888年初,我跟威斯汀豪斯公司①签约,准备大量生产这种发动机。不过,有一些重大难题亟待解决。我设计的机器用的是低频电流,而威斯汀豪斯公司的专家采用的是一百三十三周的电流,为的是在变电方面取得优势。他们不愿意放弃自己的标准设备,所以,我必须设法改变我的发动机,以符合他们的标准。除此之外,我还要另外设计一台发动机,用两根线靠这种电流有效地驱动。这可不是一件容易的事。

不过,到了1889年年底,我完成了任务,也就没必要继续留在匹兹堡了。回到纽约后,我在格兰街的一个实验室里继续搞我的试验,立即着手设计高频机。这是一个尚无人涉足的领域,遇到的问题千奇百怪,使得我步履维艰。我对感应型发动机不予考虑,怕的是这种发动机产生的正弦波不稳定,而正弦波对于共振却是至关紧要的。如果不是出于这一考虑,我的工作量会大大降低。高频交流电发动机还有另外一个缺点,就是速度不稳定,这可能对其实际应用带来极大限制。向美国电机工程学会进行演示时,我注

①　1886年1月8日由威斯汀豪斯在美国宾夕法尼亚州创立,总部设在宾夕法尼亚州匹兹堡市。

意到该机型有好几次都频率调谐失衡，需要进一步改进——这些都是没有预料到的问题。直到很久之后，我才找到了一种方法，使这种高频交流电发动机在恒定速度和极限负载条件下工作时，每旋转一周的速度变化控制在极小范围内。

我又对许多其他的因素进行了综合考虑，认为很有必要发明一种比较简单的可以产生电振荡的仪器。早在1856年，凯尔文男爵①就提出了电容器放电的理论，只可惜这一重要理论未用于实践之中。我看出了这一理论的可行性，于是便根据他的原理着手研制感应器。我的研发进展神速，在1891年的一次报告会上我向听众展示了一个能够产生五英寸长的电火花的线圈。会上，我坦率地告诉在场的工程师们，说用这种新方法变换电流也是有缺陷的，即电火花的间隙会出现损耗的现象。后来的研究表明：不管是用空气、氢、水银蒸汽、油液或者电子束作为媒介，这种缺陷都始终存在。这成了一种规律，就像机械能量转化的规律那样。物体从高处落下，我们可以让它垂直降落，也可以叫它沿着曲线降落，这些都不成什么问题。幸运的是，这一缺陷并非致命性的，通过调整共振电路，变换电流的有效率可以

① 格拉斯哥大学工程师兼物理学家。

达到 85%。自从公布了这一发明之后,它已得到广泛运用,在许多领域都引发了革命。它的前景将来会更加灿烂。

　　1900 年,我研制出的线圈产生的强大电火花长度达到了一百英尺,变换出的电流可以绕地球运行。这时,我想起了在格兰街实验室最初看到的那个小小的电火花,不由感慨万千,激动程度不亚于我发现旋转磁场时的那种感觉。

第五章　　发明放大发射机

　　回首过去发生的事件,我意识到影响我们命运的因素是多么微妙啊。我少年时期遇到的一件事可以说明这一点。一个冬日,我和小伙伴们爬上了一座陡峭的高山。积雪虽然很深,但南方吹来一阵阵暖和的风,非常利于爬山。我们玩起了滚雪球的游戏,把雪球朝山下扔去——那雪球滚着滚着就变大了。在这一激动人心的游戏中,我们相互比赛。突然,有一个雪球超出了比赛场的范围向山下滚去,后来变成了房子那么大的巨无霸,轰隆一声巨响滚下了山谷,力量之大震得大地都在微微发颤。我惊呆了,看着眼前的景象,不明白这是怎么回事。几星期后,那雪崩一样的景象浮现在我的脑海里时,我不由感到好奇,很想知道那么小的雪球怎么变成了那样的庞然大物。自那时起,我便迷上了如何放大微小的力量。几年后,我着手研究机电共振的现象时,由于这个原因,一开始就抱有浓厚的兴趣。也许,如果对少年时的那件事情没有产生深刻的印象,那么,后来在发明线圈时我可能就不会深入研究那小小的电火花,也就不会有自己最杰出的发明成果。事情的经过容我细细道来(这也是第一次公布于世)。

《猎狮人》杂志经常问我,对于自己的发明我最珍重哪一项。这要看怎么说啦。不少技术人员在自己的小天地里游刃有余,可就是思想迂腐、鼠目寸光,认为除了感应电动机之外,我奉献给世界的其他发明没有什么实用价值。这就大错特错了! 一种新的构想不可能产生立竿见影的效果。我的交流电电力传输体系是应运而生,是经过长时间的探索,对工业生产中急迫问题的一个解决方案,尽管还需要克服相当大的阻力,还照例需要协调各方的利益,但商业推广却是刻不容缓的。举例来说,我发明涡轮机时就深陷这种处境。人们会以为这样的发明简易可行,具有理想发动机的种种特征,应该立刻投入使用,可后来的遭遇还不都是一样的。不过,旋转磁场的预期效用却不一样,它不会降低现有机器的价值,反而会增加它们的价值。这一项目有利于新企业的发展,也可以推动旧企业的进步。我的涡轮机也是一种进步,但性质完全不同,是对过去旧东西的扬弃——它的成功就意味着要抛弃过去的老旧机型，而那些老旧机型曾经不知耗费了几百亿几千亿的真金白银。在这种情况下，就必须循序渐进，慢慢地来。最大的困难恐怕就是那些心存偏见的专家合力的阻挠了。

前不久的一天，我遇见了查尔斯·菲茨杰拉德·司各特（此人是我的朋友，也是我以前的助手，现是耶鲁大学电机工程学教授），有了一段叫人丧气的经历。我已经好久没见他了，乐得邀请他到办公室小叙。我们的谈话自然而然转到了我的涡轮机上。我心潮澎湃、激动万分，认为这是一项愿景辉煌的事业，于是大着嗓门说道："司各特，我的涡轮机将会取代世界上所有的热力发动机！"司各特摸了摸下巴，若有所思地将目光移开，好像心里在盘算着什么，最后说了一句："这下子，将会有大批的机器因此而报废。"随后，他再也没说什么就走了。

我的这些发明以及其他的一些发明，其实只不过是朝着特定的方向迈进了几步罢了。在发明的过程中，我仅仅是凭着本能对现有的机械进行改进，并没有特别注意人类长远的需要。放大发射机则不然，它是我苦心经营多年的成果，其主要目的不仅仅是为了推动工业的发展，更是为了解决对人类而言有着无限重要性的问题。

如果没记错的话，那是在 1890 年 11 月，我在实验室进行了一项非同寻常的试验——那是一项科学年鉴中所记载的最为辉煌的试验。在研究高频电流时,我发现加大一定空间内电场的强度,可以点亮无极真空管。于是,我就造了一台变压器进行理论验证,结果第一次试验便大获成功。这些奇怪的现象究竟意味着什么,当时是很难看得透的。人们渴望产生轰动效应,但很快就会变得淡漠。昨天的奇迹,今天就会成为司空见惯的现象。当我第一次公开展示我的真空管时,观众惊讶万分,那时的情景简直无法描述。各种各样的邀请函像雪片一样从世界各地飞来,大量的荣誉和不乏溢美之词的诱惑也纷至沓来,而我都一一谢绝了。

但到了1892年,有些邀请就推也推不掉了。于是,我到伦敦去给电气工程师学会做了一次讲座。我原打算讲座结束后立刻到巴黎,去完成相同的使命。可是詹姆士·德瓦爵士①不放我走,硬要我去给皇家学会作报告。我本是一个意志坚定的人,可还是架不住这位伟大的苏格兰科学家的有力劝说,最后还是答应了。他推着我,让我坐在了一把椅子上,给我倒了半杯奇妙无比的棕褐色的饮品——那饮品还闪着霓虹一般的光,味道似琼浆玉液。只听他说道:

---

① 苏格兰化学家和物理学家。

"你坐的是法拉第①坐过的椅子，喝的是他所喜欢喝的威士忌。"就这两点而言，那是一次令人艳羡的体验。次日傍晚，我向皇家学会展示了我的成果。报告会结束时，瑞利勋爵②讲话，给了我慷慨的评价（这是世人对我的努力给予的第一次鼓励）。为了躲避蜂拥而来的荣誉，我急匆匆从伦敦逃往巴黎，做完讲座后又仓皇逃回了老家。到家后，我大病了一场，受尽了洋罪。身体渐渐康复时，我开始筹划，准备到美国去继续搞我的研究。之前，我从不觉得自己具有发明创造的特别天赋，可是一直被我视为科学天才的瑞利勋爵却说我是一个特别有才智的人。假如真如他所说的那样，我觉得自己应该集中精力拿出一些大的构想。

一天，我在山里转悠，见天要下雨，就找了个地方躲雨。天空乌云密布，然而迟迟不见雨婆婆布雨。突然间，一道闪电划过天空，不一会儿就下起了瓢泼大雨。这一现象使我陷入了沉思。很明显，闪电和雨是紧密相连的，是互为因果的。经过思考，我断定天空的水分里蕴含着无法计量的电能，而闪电就像是一个敏感的触发器，促使电能释放了出来。

① 英国物理学家、化学家，1831年做出了关于电力场的关键性突破，永远改变了人类文明。
② 英国物理学家，1904年第四届诺贝尔物理学奖得主。

这一发现很可能会产生惊人的效果。假如能使电能达到我们所要求的质量,这个地球以及地球上人们的生存状况便可以发生翻天覆地的变化。可以利用太阳能将海水摄到空中,然后由风能输送往遥远的地区,以极其微妙的方式保持生态的平衡。如果能按我们选定的时间和地点颠覆原来的自然状况,就可以随心所欲地控制这一强大的维持生命的水流,用以灌溉贫瘠的沙漠、造湖泊及河流,为人类提供无穷无尽的动力。控制太阳能为人类所用,这将是最为有效的方式。这一构想成功与否取决于我们是否有能力制造出大自然中的那样强大的电能。这似乎是一件无法办到的事情,但我决心做一尝试,1892 年夏天一回到美国就动手干了起来。这个项目对我极具吸引力,因为这样的能量输送方式跟我研究的无线输送电能是一样的,关乎无线输送电能的成功。

次年春,我初战告捷,取得了令人满意的结果,用我的圆锥形线圈制造出的电压强度约为一百万伏。按现在的标准,那点电压算不了什么,但在当时却是一项壮举。这项研究稳步推进,直到 1895 年我的实验室毁于大火才戛然而止(此事可见 T.C.马丁发表在《世纪》杂志 4 月刊的一篇文章)。这场火灾在许多方面耽搁了我的研究。那年的大部分时间都花在了做规划上,花在了重建实验室上。不过,条件一完备，我立刻重打锣鼓另开张干了起来。

我虽然知道用大型仪器能够产生强大的电动力，但我也本能地感到，只要设计得当，相对小而精密的变压器也能达到这一目的。在进行平螺旋绕组次级线圈试验时，电子束却没有出现（我的专利申请书中对此有所描述），这叫我感到意外。没过多久我就发现这是由于线圈匝的位置发生改变，而它们之间相互作用导致的。有感于这一发现，我在试验中采用了高压导体，导体里线圈匝的直径相当大，间距很宽，这样可以抑制分布电容，同时还可以避免任何位置出现电荷过分积压的现象。运用这一原理，我成功地制造出了四百万伏的电压（这是我在休斯敦街新实验室做试验的极值了，因为试验中电荷的释放距离可达十六英尺）。这台发射机的图片登在了 1898 年 11 月的《电气评论》上。

为了能沿着这条线取得更大的进展，我的研究工作必须拿到户外去进行。1899 年春，我做好了筹建无线电装置的工作，然后便去了科罗拉多，在那儿待了一年多。在科罗拉多，我对发射机又做了一些改进，使之更加完善，想要多大的电流，它就可以产生多大的电流。关于试验的情况，我写了一篇名为《关于增加人类电能的问题》的文章，1900 年 6 月登在了《世纪》杂志上（这篇文章叙述的是科罗拉多的一次试验），感兴趣的读者可以从中了解详情。

《电气实验者》杂志请我详尽介绍这一项目,好让该杂志年轻的读者们清楚地了解我的"放大发射机",了解它的构造、功能以及它的目的。那就听我细细道来。首先,它是一个谐振变压器,其次级电路里的元件都具有很高的电势,分布面积广,排列在理想的包络面上,曲率半径非常大,相互间有适当的距离,以确保各处的电荷面密度都比较小——如此,即便导体裸露,也不会出现漏电的现象。这样的发射机适用于任何电频,小至每秒几周,大到每秒几千周,可以用以生产流量巨大、电压较小的电流,也可以用以生产安培小、电动势大的电流。电压的强度取决于负荷元件排列面曲率的高低以及排列面积的大小。

根据我以往的经验,高达一亿伏的电压是完全可以产生出来的。另外,还可以通过天线获得成千上万安培的电流。只需一套不大不小的装置便能够完成这一操作。从理论上来说,直径不到九十英尺的端子,就可以产生那么大的电动势;通过直径不到三十英尺的天线,便能够获得两千至四千安培的电流。

从狭义上讲,这种无线发射机的电磁波辐射与整体能量相比,小得几乎可以忽略不计——在这种情况下,阻尼因子极小,而电容度得到提升,能够贮存大量电荷。这样的电路,无论受到任何一种脉冲的冲击(哪怕是受到低频脉冲的冲击），也会像交流发电机一样产生持续不断的正弦曲线震荡。

从狭小的价值看，它只不过是一台谐振变压器而已，但除了以上性能之外，如果可以根据地球的情况在尺码上精确定位，它无线传输能量的效率和能力就会得到大大提升，距离长短完全不成问题，因为被输送的脉冲之强度不会因此而减弱。根据某一数学原理，甚至距离越远，这种装置的性能反而会越好。

这项发明是我的"世界系统"无线传输当中的一种，1900 年返回纽约后，我便着手使其商业化。至于我立刻就要实现的目标，在当时的一份技术报告里有清楚的描述，此处摘录如下：

"世界系统"是若干项独创性发明的综合成果，是发明者经过长期探索和试验总结出来的。它非但能把任何一种信号、信息或文字传送到世界各地，还可以在不改变现有设备的情况下使得现有的电报、电话以及其他信号站互联互通。举例来说，以这种方式，美国的电话用户可以给这个地球上其他国家的任何一个电话用户打电话，实现直接通话。只需要一个廉价接收器，尺码并不比怀表大，便可以在任何一个地方（无论是在陆地上还是在海上)接听异地的讲演或音乐(不管那个地方有多远)。举这个例子只是想说明:这一伟大的科学进步是可以实现的,它会消除距离的障碍,将地球变为完美的天然导体,凡是人类用线路导线设定的目标它都可以实现。其深远意义在于:任何通过一根线或多根线(线路的长度显然是有限的)运作的仪器,都可以达到与其相同的效果,不需要人工导体,性能和精确度是一样的,除了地球的物理尺码之外,距离远近不受限制。采用这种理想的传输方式,不仅可以开发出全新的商业领域,还可以大大扩展原有的领域。

"世界系统"的基础是以下的重要发明和发现:

1. 特斯拉变压器。这种仪器用于产生电振动,其意义之重大就跟火药用于战争一样。发明者用这种仪器产生的电流比用普通方式产生出的电流强许多倍,电火花的长度超过一百英尺。

2. 放大发射机。这是特斯拉最重要的发明,是一种特殊的变压器,专门用于刺激地球磁场以传输电能,传输距离之远得靠天文望远镜观察。采用这种神奇的仪器激发的电能比闪电的还要强,产生的电流足以点亮世界各地的两百多盏白炽灯。

3. 特斯拉无线系统。该系统包括若干项技术革新,是唯一不需要电线就能够传输电能的方式,经济划算。发明者在科罗拉多建立了一个高强力试验站,进行了精心的测试和计算,发现想传输多少电能就可以传输多少,如果需要,可以绕地球传输,其中的损耗不超过几个百分点。

4. 个性化技术。特斯拉的这一发明与原始的"调谐"相比,犹如精美的语言之于含混不清的粗话。它可以使信号或信息的传输完全保密,专人专用(对发出者和接受者均如此),也就是说十分安全,不受任何干扰。每个信号就像是一个人,身份准确无误。无数信号站或仪器可以同时运行,数量不受限制,相互间无一丝一毫的干扰。

5. 地球驻波。通俗地讲,这一意义重大的发现表明:地球会对一定角度的电振动做出反应,就像音叉对某些特定的音波做出反应一样。这样的电振动可以强烈地刺激地球磁场,对商业以及许多其他领域而言用途广泛、意义重大。

首套"世界系统"动力装置九个月内可投入运行,届时有望获得一千万马力的电能,不用花许多钱,却可以服务于许多技术项目,其中包括:

1. 实现全世界现有电报交换机或交换站的互联

互通；

2. 为政府提供秘密、安全的电报服务项目；

3. 实现全球现有电话交换机或交换站的互联互通；

4. 和媒体建立联系，用电报或电话广泛传播一般性的新闻；

5. 实现"世界系统"的情报传输，专门为私人服务；

6. 实现全世界证券报价机的互联互通，实现操作一致；

7. 建立音乐传播等事项的"世界系统"；

8. 用廉价的钟表便可以进行全球天文精度的报时，不需要做任何调整；

9. 在全球范围内传输打印或手写的字符，传输信件和支票等；

10. 建立全球航海服务项目，使所有的船只都能够在没有指南针的情况下安全行驶，准确了解船只所在的位置、时间以及速度，防止撞船等灾难的发生；

11. 创建全球范围的印刷体系；

12. 在全球范围内实现对摄影图片、各种画作或记录的拷贝。

我还建议要小规模地演示无线传输能量（虽然规模小，但足以令世人信服）。除此之外，我还提到了我的发明另外的一些更为重要的用途（这些会在将来的某一天向社会公布）。

我在长岛建了一套装置，其中包括一座高一百八十七英尺的传输塔，塔上有一个直径约六十八英尺的球形端子。这种大型装置适合传输几乎任何级别的能量。首次试运行，虽然只传输了两百至三百千瓦的能量，但我打算以后上升到几千几万马力。这种发射机发射的是一种特殊性质的复波，为此我发明了一种独特的方法——用电话控制任何级别的能量。

传输塔两年前已拆掉，但我的研究项目仍在继续进行，准备再建一座在某些方面有所改进的传输塔。关于拆塔这件事，社会上广泛流传着一种版本，说那是政府出于战备的考虑强行拆掉的。我要说这种流言会在一些人的心里惹出偏见——他们哪里知道三十年前政府已经授予了我美国国籍，证书一直锁在保险柜里，而我的各种勋章、学历证书、学位证书、金质奖章以及其他的荣誉证件则放在几个旧箱子里。假如这种传言是有根据的，那我可以获得一大笔赔偿金，因为我建塔时花了不少钱。相反，保护塔才符合政府的利益，因为它可以为政府做许多事情——例如，它可以对世界上任何一个地方的潜艇进行定位。我的装置、研究项目以及所有的技术更新历来都是为官方服务的。自从欧战爆发以来，我牺牲了自己的时间，致力于空中导航、船舶推进以及无线传输方面的开发研究，这些对国家至关紧要。那些了解内情的人知道，我的构想彻底改变了美国的工业。真不知有哪个发明家能跟我一样幸运——我的一些发明项目被用在了战场上。以前，我不愿公布这些细节，认为当整个世界都处于战乱期间，斤斤计较个人得失极为不妥。听说社会上流传着各种谣言，说约翰·皮尔庞特·摩根①对我的事业不感兴趣，对别的发明家却慷慨大方，一掷千金。对此，我需要做一说明：他对我的资助也很慷慨，不折不扣履行了他的许诺，再叫他出更多的钱是极为不合理的。他极其看重我的成就，对我的能力坚信不疑，认为我一定能够最终实现当初设定的目标。一些鸡肠小肚的人嫉妒心强，想给我泼冷水，我可不能让他们得逞。这些人在我看来只不过是些传染疾病的细菌而已。我的研究项目受到自然法则的拖累而有所耽搁，整个世界对它还没有心理准备——它远远地走在了时代的前边。自然法则最终一定会帮助我，使我的研究大获成功。

---

① 美国金融巨头。

　　　　　　特斯拉自传

第六章　探索自动遥控机械学

以放大发射机为基础的"世界系统"耗尽了我的心血，是我花费精力最大的一个项目，我都怀疑自己脑神经的细小纤维都因此而受到了损害。年轻时，我曾致力于对旋转磁场的研究，也曾殚精竭虑、费力劳神，但早年的那些工作和这个项目相比性质是不同的。那时虽然也极度紧张，却不像此时这样必须时刻睁大眼睛、绷紧心里的弦，准备应对无线传输中所遇到的种种令人困惑的难题。尽管我的身体具有罕见的耐受力，但我的脑神经却经受不住折磨，终于出了问题——就在这个旷日持久、困难重重的研究项目胜利在望时，我整个人彻底垮掉了。

当我的创造力即将耗尽时，上天赐给了我一种保障安全的方法，而这种方法似乎还逐年臻于完善，百试不爽。毫无疑问,若非如此,我肯定会遭受更大的苦难,说不定我的职业生涯也会提前结束。只要它行之有效,我便可以高枕无忧,不必担心会像其他的一些发明家那样过劳死,也无须像大多数人那样必须休假缓解压力。一旦精力枯竭,我便学习黑人,像黑人那样坦然入睡(白人往往杂念丛生,难以进入梦乡)。在探索超出我的领域的新理论时,我的身体里可能会逐渐积聚一定数量的毒素,常常会使得我陷入昏昏欲睡的状态(这种状态会持续半个小时,一分钟也不差)。清醒过来后,我会觉得刚刚发生的事情成了很久之前的往事。如果我试图回到中断的思路上去,心里会感到一阵恶心。这样我就只好去干别的工作了。叫人称奇的是,我的大脑变得十分清晰,轻而易举便可以解决在这之前困扰着我的难题。几个星期或几个月之后,我把热情又投放在暂时搁置的发明上,几乎不费吹灰之力就可以找到解决所有棘手问题的答案。关于这一点,我想讲一段非同寻常的往事,也许会引起心理学学者的兴趣。

通过使用地面发射机,我观察到了一种引人注目的现象,于是便试图找出答案,看它是否与地下电流有关。这似乎是无望之举。我废寝忘食地苦干了一年多,但一无所获。这项研究意义重大,使得我全身心投入,将其他的事情一概置于脑后,甚至忘了自己的健康正在每况愈下。最后,正当

　　　　　　　　特斯拉自传

我眼看就要崩溃的时候，上天保护我，让我睡了救命的一觉。醒来后，我惊愕地发现：除了幼年时期最初进入我记忆中的一些事情，一生中其他的事情一概回忆不起来了。奇怪的是，那些事情浮现在我的脑海里，简直清晰极了，令人高兴地缓解了我紧绷的神经。每天夜里睡觉时，我都会回忆那些往事，越来越多早年的场景又出现在了我眼前。过去的生活画卷慢慢展开，而母亲则一直都是中心人物。思母心切，我急于想见她，而这种情绪越来越浓。思母之情变得异常强烈，最后我决定放下手头的工作，去实现这一愿望。可我发现要想离开实验室，比登天还难。几个月过去了，在这期间我成功地恢复了一些记忆，回忆起了1892年春天之前所出现的生活片段。在那如烟似雾的生活片段中，我仿佛看见自己躺在巴黎的和平大酒店，正准备进入我的那种特殊的睡眠（这是高度用脑之后的睡眠）。谁知就在这时，服务员送来一封急信，说家母已病危。这给我心里带来的痛苦和悲哀有多大，是可想而知的。记得当时我一刻也没耽搁，立即长途跋涉回到家。母亲经过几个星期的病痛折磨，最后还是与世长辞了！尤其叫人感到奇怪的是，就在回忆如烟的往事期间，我对涉及研究项目的方方面面都特别敏感，能够记得清最小的细节以及在试验中所观察到的哪怕是最微不足道的现象，甚至连书上的文章以及复杂的数学公式也可以倒背如流。

我坚信有付出就会有回报,真正的回报与你付出的劳动以及所做出的牺牲是成正比的。鉴于此,我敢肯定在我的所有发明中,放大发射机一定会被证实对未来的人们最重要、最有价值。我之所以有这种预言,倒不是觉得它势必会引发商业革命和工业革命,而是认为它会帮助人类取得许多成就。纯粹的实用价值,与人类文明的崇高福祉相比是不能同日而语的。我们所面临的问题是很复杂的,单靠提供物质方面的东西(不管它们多么丰富)是不能够解决的。相反,物质的丰富反而会带来威胁,其危险不亚于物质的匮乏和贫穷。假如我们只是一味地释放原子能量,或者寻找出一种办法在地球的某处开发出廉价且无限的能源,这不一定是福,反而会惹出祸来,导致纠纷和混乱,最终使得遭人痛恨的强权大行其道。致力于人类团结与和谐的技术进步才是最美好的愿望,而我的放大发射机正是如此。有了它,人的声音和图像可以传播到任何一个地方,瀑布可以为千里之外的工厂提供动力,飞行器可以不间断地在地球各处飞行,可以控制太阳能以造湖泊及河流来满足人类的需要,还可以将干旱的沙漠变为良田。用于电报、电话及类似的领域,它可以排除静力干扰以及其他的干扰——目前,这些干扰限制了无线电技术的应用。

排除干扰是个很时新的话题，有些话不得不说。在过去的十年当中，不少人不可一世地宣称自己已经将障碍排除。他们的结论公布之前，我就对所有的步骤进行了研究，并对其中的多数进行了试验，发现无一可行。美国海军最近发表了一篇正式声明予以驳斥，对一些盲目的新闻编辑是一个教训，教他们识别什么样的研究结论才是真正有价值的。那些研究的基础理论几乎全都荒谬不堪，让人见了不由得嗤之以鼻。前不久又有一项新发现公布了出来，吵得沸沸扬扬，末了还是雷声大雨点小，成了一场闹剧。

　　这叫我想起了几年前发生的一件令人兴奋的事情。当时我正在搞高频电流试验，而史蒂夫·布罗迪①刚刚从布鲁克林大桥跳了下去。跳桥的壮举为多人所效仿，未免流于庸俗。但此事第一次被报道出来时，在纽约引起了轰动效应。对此我印象很深，常常提起那位勇敢的印刷工。一个炎热的下午，我觉得有必要让自己放松一下，于是便走进了一家生意兴隆的餐馆（这样的餐馆在这座大城市里有三万家）。这儿有酒精度含量为12%的饮料（如今，只有跑到欧洲的那些贫穷落后的国家才能喝到这样的饮料）。餐馆里食客很多，都不是什么显要人物，大家都在议论布罗迪跳桥

---

　　①　史蒂夫·布罗迪（1861—1901），印刷工人，于1886年7月23日跳下布鲁克林大桥，幸存了下来。布罗迪（Brodie）一词后来成了俚语，意思是冒险、跳跃或自杀。

的事。我一语惊四座，随口说了句："我从桥上跳下去的时候也是这么说的。"[1]话一出口，我就觉得自己仿佛成了席勒诗歌里提摩太的那个伙伴，遭到了众人的误解。顿时，餐馆里沸腾了起来，十几个人一片声喊道："他是布罗迪！"我把一枚二十五分的硬币朝柜台上一扔，向门外冲去，而众人紧追不舍，口里大喊："请你站住，史蒂夫！"我一路狂奔寻找藏身之地，许多路人误以为我是小偷，试图拦住我。后来拐了几个弯，我从一个消防通道总算幸运脱身，回到了实验室。一进门，我就脱掉外套，伪装成一个正在起劲干活的铁匠，叮叮当当打起了铁。不过，这样的防范措施是没有必要的，因为那些追我的人早已被我甩掉了。事情过去许多年之后，夜里辗转反侧睡不着觉、胡思乱想的时候，我回忆起那天的情景，不禁暗忖：那些人要是撵上我，发现我不是史蒂夫·布罗迪，我的命运该会怎么样呢？

近来有位工程师在给一个技术协会作报告时，声称自己根据一种"迄今为止尚无人知的原理"发现了克服静电障碍的方法。他说发射机的电流穿过地表时，静电障碍便上下波动——这样的结论似乎有点草率，就跟我当年在餐馆嘴不把门一样。按照他的说法，被大气层环绕的地球就是

---

[1]　特斯拉说的是自己过去的经历，却遭到了误解。

一个电容器,既能充电又可以放电——这种观点与任何一本物理教科书里的基础理论都是相悖的。这样的假设即便在富兰克林[①]时代也是会被斥为荒唐的,因为彼时这方面的知识已广为人知,大气中的电流与机器产生的电流相等已成定论。显而易见,自然和人工静电障碍无论是在地球上还是在空中,其波动方式都是一样的,二者都会产生电动力,或平行或垂直。他所提到的办法是不可能排除干扰的。事实是:电流势能在空中每提高一英尺就会增加大约五十伏,所以天线上下端的电压差可以高达两万伏,甚至四万伏。带电气团不间断地运动,把电能传送给导体(这样的传送并非持续的,而是间断性的),使得敏感的电话接收器里就产生了吱吱啦啦的摩擦声。电路的端子越高,覆盖的范围就越大,效果就越显著。不过,应该指出的是:这仅仅是局部效应,与解决实质性问题的方案没有联系。

　　1900 年,为了完善无线传输系统,我在一套装置上安装了四根天线,精心地调整为相同的频率,确保可以接收来自于任何一个方向的信号,并以多重的方式进行放大。如果想找出传输过来的脉冲之源头,我就把每一对按对角线排列的天线与一个初级线圈连接形成组合,构成一个检测线

---

① 　美国 18 世纪科学家、政治家。

路。在前一种情况下，话筒里接收到的声音很大，但在后一种情况下，正如我所料，听不见一点声音，因为两根天线相互作用，把声音抵消了。不过，两种情况下都有静力出现，于是我就必须按全新的原理寻找出特殊的预防措施。

很久前我就提出过把接收器与地面上的两个接收点连接在一起，通过带电的空气排除这一障碍（这种障碍在结构上是十分严重的）。障碍排除后，静力不复存在，而且由于电路方向的作用，所有的干扰几乎都会减掉一半。这样的道理是不言而喻的，但对一些头脑简单的无线电研究人员却成了一种启迪——那些人的试验也只不过是在无线电装置的形式上做文章，用一把斧子就可以解决问题，无疑是本末倒置、舍本求末。如果使用天线真的会产生这种怪现象，那么接收时不用天线岂不就可以将其轻而易举地排除！而实际上，按这种说法，埋在底下的电线就必须彻底绝缘，因为它比垂直架在空中的天线更容易受到某种外来脉冲的影响。说句公道话，这是一种小小的进步，但在方式方法上并无实质性改变——它只不过摒弃了传输性能差、完全不适合用于接收的庞大结构，采用了一种比较合适的接收器罢了。正如我在以前的一篇文章中所说的那样，要想一了百了地解决这一难题，就得彻底改变整个系统，越快越好。

实际上，如果一种技术尚处于萌芽状态，广大公众（甚至包括专家)对其最终可能达到的目的尚不明确,就匆匆忙忙地采取立法手段使其成为政府垄断的技术,一定会导致灾难性后果。几个星期前,国务卿丹尼尔斯提出了政府垄断的方案,这位杰出的官员在向参议院和众议院陈述时信心百倍、话语铿锵。不过,大量证据毫无差错地表明:最佳的结果历来都产生于健康的商业竞争。至于无线电技术,更有理由予以支持,使它有充足的自由发展空间。首先,对于改善人类的生活,它有着无可限量的前景,比人类历史上任何一项发明和发现都伟大、都重要。再者,我们必须知道:这一伟大的技术完全诞生和发展于此,因而可以被称为"美国造"——这样的称呼比电话、白炽灯或飞机更有资格、更有底气。

　　一些雄心勃勃的媒体人和股票经纪人竟罔顾事实,散布虚假信息——甚至就连《科学美国人》这样优秀的期刊也将主要功劳归于外国。当然,赫兹波是德国人发现的,俄国、英国、法国和意大利的专家们很快就把它用在了发射信号上。他们用的固然是新媒介,但感应线圈却是原有的,没有任何改变——这几乎就只是给反光通信法换了一种形式而已。我在 1891 年就提出:这样做,信号的传输半径非常有限,所产生的结果价值不大,用声波取代赫兹振荡作为传输媒介会更为有利。此外,在无线电基础原理被提出来三年之后，我在这方面进行了种种尝试，并在美国对我所使用的仪器进行了清楚的描述和开发，其成果如今已得到了广泛利用。目前，赫兹波的仪器和方法已荡然无存，没有留下任何痕迹。我们选择的方向完全相反——这是美国人民的智慧和劳动的结晶。一旦基本的专利到期，任何人都可以利用这项技术。那位国务卿提出垄断方案，主要是怕受到干扰。7 月 29 日的《纽约先驱报》发文说，根据国务卿的观点，信号站所发出的信号可以受到世界上任何一个村庄信号站的干扰。如此看来，根据我在 1900 年做的试验，在美国设定限制是无济于事的。

对于这种情况，我想做一解释，讲一讲最近发生的一件事。一天，有个看上去有点怪的人找上门来，说想请我到一个遥远的国度筹建世界发射机。他说："我们没有现金，却有的是黄金，一定会用重金酬谢。"我回答说我想把自己的发明在美国进行到底。至此，我们的谈话就结束了。但我看到：黑暗势力在兴风作浪，要想保持通信的畅通会变得越来越难。唯有抗干扰的通信体系才能力挽狂澜。这种体系已经有了，并且已经完善，我们所要做的就是将其投入运行。

人们最关心的仍然是可怕的战争，而放大发射机可以用于进攻和防御，也许能够发挥极其重大的作用，尤其跟遥控机械连在一起更是如此。这项发明起于我的童年时代，贯穿了我的一生，是我长期观察研究的结晶。当第一批成果公布时，《电气评论》撰文称这项发明将会是"人类进步史和文明史里一种最强大的推动力量"。这一预言用不了多久便会实现的。1898 年和 1900 年，这项发明两次被提交给政府，我要是一个投其所好、愿意按他们的心意办事的人，也许就被采纳了。当时，我真心地认为：这一发明具有强大的杀伤力，不用投入一兵一卒就可以废止战争。可现在，尽管我对它的潜力仍未丧失信心，但我的看法却改变了。

战争是不可避免的，除非引发战争的物质因素得到消除——归根结底，这种物质因素在我们赖以生存的星球上是普遍存在的。只有通过弥合信息传递、旅客运输、能源供应和输送等各方面的差异，有朝一日才能废止战争，使人与人之间永久地保持友好的关系。我们热切盼望在全世界人与人、国与国之间能加强联系、增进了解，消除狂热的极端思想和自私的民粹主义，因为历来都是这些因素在兴风作浪，让世界陷入原始的野蛮状态，使得冲突不断。任何一种联盟或议会法案都无法阻止战乱的发生。不管是什么新花样，只会叫弱者听任强者蹂躏。

早在十四年前，我就提出过这样的观点。当时，几个大国联合起来，准备建立一种所谓的神圣联盟。方案由已故的安德鲁·卡内基①提出——此人可以被称为这一思想之父,在宣传和推广方面比任何人都卖力,促使总统采取了行动。无可置疑,这一方案对一些弱势民族不无好处,然而无法达到主要的目标。只有天下大同、各民族团结,才能最终实现和平,但这一极乐的目标离我们仍然很远。

依我之见,当今世界存在着巨大的冲突,坚信只要美国能一如既往,不陷入"结盟的旋涡",就是全人类最大的福祉。地理位置上,美国远离即将发生大战的战场,又没有扩张领土的动机,国内有着用之不尽的资源和深受自由及民权思想浸润的千千万万的人民,可谓得天独厚。因此,它完全可以独立地施展它强大的实力及道德力量,为全人类谋福利,这样做比跟别的国家结盟更为明智、更为有效。

我有一篇文章讲的是我的生活,发表在《电气实验者》上。在那篇文章里我回忆了自己早年的生活,说一场病痛刺激了我,使我不断地幻想和自我反省。这种心理活动起初是在病痛的刺激下无意识发生的,后来逐渐演变成了我的第二天性,最终我才意识到这只不过是机械行为,缺乏主观能动性,仅仅是对环境影响的反应。我们的身体结构极其复杂,行为方式多种多样,外部印象对我们的感官产生的

---

① 美国钢铁大王。

影响非常微妙、难以捉摸，一般人很难发现这一事实。而训练有素的调查者认为最可信的还是机械生命论——这一理论从某种程度而言是笛卡儿①在三百年前总结和提出来的。不过，在他那个时代，人们还不了解自己身体的许多重要功能，尤其是对光的性质、人眼的构造及功能，科学家们竟一无所知。

近年来，这些领域的科学研究突飞猛进，有大量专著问世，这一观点已不容怀疑。也许，巴斯德教授②的前助手菲利克斯·莱·丹泰克的论述最有力、最雄辩。雅克·洛布③对趋日性进行了卓有成效的试验，清楚地阐述了光线对低等生物是具有控制力的，他的新书《受到强迫的行为》很能启发人。科学家们欣然接受了这一理论，就跟他们接受其他已被证实的理论一样，而我则不然——对我而言，这是我每时每刻都在用身心感受着的客观现实。我的心里时时刻刻都在感受着外部的影响，因此而采取行动（实质性的，或思维方面的）。只有在很少的情况下，我注意力高度集中时，才难以觉察到那发自内心深处的冲动。

对于周围的环境以及自身体内所出现的情况，大多数

---

① 法国哲学家、数学家、物理学家。
② 法国著名的微生物学家、爱国化学家。
③ 德国出生的美国动物学家和心理学家。

人都一无所知,数以百万计的人因此而患病,过早地离开人世。最常见的日常现象在他们看来是那么神秘和令人费解。一个人也许会突然感到忧伤,绞尽脑汁也找不到原因,岂不知那是由于一朵乌云遮住了阳光而引起的。在有些情况下,你的眼前可能会出现一位好友的影子,让你觉得十分蹊跷,因为你刚刚在街上遇见他,或者在什么地方刚刚看过他的照片。有时,一个人丢了颗领扣,想不起怎么丢的,一时无法找到,于是便发无名之火,一个劲地骂娘。失察只不过是愚昧无知的一种表现形式,是产生诸多病态观念和愚蠢思想的根源。只有不超过十分之一的人不相信心灵感应以及其他的通灵现象,不相信招魂说以及与亡者的交流。明明是有意或无意而为之的虚妄之说,可有谁不愿听信呢!

这样的意识倾向甚至在一些头脑清晰的美国人心中也已经根深蒂固,此处不妨举一件滑稽的事情为例加以说明。战前不久,我的涡轮机在这座城市里展出,引发了各家技术领域报纸的广泛评论。根据我的预测,为了能获得这项发明的使用权,制造商们将会展开一场角逐。我特意制定了一套方案,准备迎接底特律的一位制造商(此人神通广大,善于敛财聚富)。我坚信他总有一天会露面的,并胸有成竹地把此想法告诉了我的秘书和助手。果不其然,在一个晴朗的上午,福特汽车公司的一群工程师蜂拥而至,说是要跟我谈一件重要的业务。"我说得没错吧?"我得意扬扬地对我的雇员说。其中的一个雇员答道:"你简直料事如神,特斯拉先生,一切都跟你提前说的一样。"这些头脑清晰的工程师屁股刚一坐稳,我当然立刻就开始为我的涡轮机大唱赞歌,历数它的神奇之处。谁知他们竟然打断了我的话,说道:"这些我们都很清楚。只不过我们此行有一项特殊的使命。我们成立了一个心理学会,专门研究心理现象,希望你能加入。"那些工程师恐怕永远也不会知道,我当时差点没把他们轰出我的办公室。

有位风云人物,一位注定会流芳百世的科学界领军人物,曾经告诉我,说我有一个非同寻常的大脑。自那以后,我就不顾一切、不遗余力地试图解决一些重大问题。多年来,我致力于解决死亡之谜,睁大眼睛想观察到灵异现象的出现。但我一生中只有一次那样的经历,一时被我认为是超自然的现象。那件事发生在家母去世的时候。

当时,由于痛苦和长时间的守夜,我已彻底累垮。一天夜里,他们将我抬到了一个离我们家两个街区远的房屋里。我无助地躺在那儿,心想:我离开了母亲的病床旁,假如她就在这个时候死去,肯定会给我一个提示的。两三个月前,我和好友威廉·克鲁克斯爵士①（此人现已作古）在伦敦谈起了招魂说（这种学说对我影响很深）。别人的观点我可以不听，但对他的理论却深信不疑，因为我在学生时代就读过他的那本关于用辐射物质招魂、具有划时代意义的著作（正因为如此，我选择了电气事业）。此时，我觉得条件极为有利，可以叫我看看阳世以外的情况，因为我母亲是个天才，特别擅长运用精神感召力。那天，我一整夜都在盼望着奇异现象的出现，大脑的每根神经都绷得紧紧的，可是什么事情也没有发生。次日清晨，我进入了梦乡（也许是昏了过去），就在这时看见一群非常美丽的天使脚踩祥云出现了，其中的一个用慈爱的目光望着我，望着望着就变成了我母亲的模样。她飘然从我眼前慢慢走过，随后就消失了，接着传来无比悦耳的歌声，使我从梦中醒了过来。刹那间，我确信母亲刚刚离开了人世（这种感觉是无法用语言形容的）。这些情况都是真的。对于事先出现的那些异常沉重、异常痛苦的预兆，我却无法理解，于是就在这些印象还没有消失、身体状况仍很差的情况下给威廉·克鲁克斯爵士写了封信。

　　恢复健康后，我花了很长时间寻找导致这种奇异现象

---

① 英国著名化学家和物理学家。

的外部原因，结果一无所获，但许多个月过后终于如愿，这叫我大大松了口气。我曾看到过一位著名艺术家的画作，用祥云以寓言的形式表现季节，一群天使驾云飘然行走在天空，这给我留下了很深的印象。这样的情景出现在了我的睡梦里，只是其中的一个天使换上了我母亲的相貌。至于歌声，那是复活节早晨附近一座教堂的唱诗班在唱弥撒曲。这样就解释了一切，与客观现实完全相符。

此事已过去许久。这种心理和精神方面的异常情况虽然没有什么理论基础，但我仍坚信不疑，丝毫没有改变自己的看法。这种信念是人类智慧的自然延伸。宗教教义以其实际含义来说已不再为世人所接受，但人人却又坚持宗教信仰，相信上天那至高无上的力量。我们必须有信仰，以此规范自己的行为，获得心理上的满足。这种信仰应该是非物质的，不管是宗教的、艺术的、科学的抑或其他方面的，只要具有净化精神的力量和功效就行。要实现全人类和平共处的目标，人类应该有一个共同的信仰。

虽然我没有获得任何证据以支持心理学家和精神学家的那些观点，但我却极为满意地证明了生命是具有自动反应性的，这不仅是通过对个体行为进行不断观察所得出的结论，更是对普遍现象的总结归纳。通过观察，我有了一个发现，也许对人类社会有着极其重大的意义，容我在此简单地加以回顾。在很年轻的时候,我对这一令人吃惊的现象就有了最初的感受和了解,但许多年里以为自己看到的仅仅是偶然现象。这一发现即:每当我自己、跟我亲近的人,抑或自己所投身的事业,受到伤害时(通俗地讲,这是极为不公平的遭遇),我就会感到一种特殊的、难以名状的痛苦(找不到合适的词加以形容,我就称它为"广泛的痛苦"吧)。过不了多久,施害者就会无一例外地懊悔。有了多次这样的经历之后,我把自己逐渐形成的理论讲给几位朋友听,他们经过验证,也相信了理论的真实性。这一理论可以用以下几句话概括:

人类的身体结构是类似的,受到相同的外部影响时,会做出共同的反应,采取一致的行动,这是我们制定所有的社会以及其他方面法律规则的基础。我们就像机器人,完全被媒介的力量操纵,宛若水面上随波浮动的软木塞,会把受控制错当成自由意志。我们的一举一动、一言一行都是出于生命的本能,看上去似乎各不相干,其实有看不见的纽带把我们紧紧相连。只要身体机能处于正常状态,它就会对外部刺激做出精确反应。不过,一旦某个人的身体失常,他的自我保护能力就会受损。

当然，人人都知道，一个人如果失聪、失明或四肢受伤，他生存的概率就会打折扣。还有一点也是事实，也许是更确凿的事实：如果大脑受损，在某种程度上失去了至关紧要的自动反应能力，大脑会因此迅速衰亡。一个非常敏感、具有很强观察力的人，其机械反应能力高度发达、完好无损，就可以利用他超凡的感官对周围环境的变化做出精确反应，得以避开无法直接观察到的潜在危险。一旦接触到控制性感官严重受损的人，他就会做出反应，产生那种"广泛的痛苦"。这一理论已经过了数百次验证，我还请自然学的学者们也关注这种现象，坚信通过大家的共同努力及有系统的研究，它一定会给全世界带来无可估量的价值。

我老早就想建造一台自动机证实我的理论，但直到1893年着手无线电研究时，才将这一想法付诸实施。在接下来的两三年中，我发明了好几台遥控的自动机器，并在我的实验室里向人们演示。1896年，我设计了一台能够完成多项操作的完美的机器，但中途有所耽搁，1897年末该项研究才宣告结束。这台机器1898年初一出现在公众面前，便引起了轰动，其效应超过了我所有的其他发明项目。随后，我撰文对机器的性能进行了解释和说明，发表在1900年6月的《世纪》杂志以及其他的一些期刊上。鉴于我对这台机器的陈述似乎有点匪夷所思,总审查官还特意跑到了纽约来,亲眼看了机器的运行情况,这才于 1898 年 11 月授予了我这项奇异技术的基本专利。后来,记得有一次我去华盛顿拜访一位官员,想把这项发明献给政府。当我把自己已完成的研究讲给他听时,竟惹得他哈哈大笑起来。那个时候,谁也不会相信我能够建造出这样的装置。不幸的是,我听从律师的建议,申请专利时竟然说这套装置是受一条独立线路以及一种广为人知的探测器控制的。这样,我就不能保护自己具有独特性的方法和装置了。其实,我的装置是由多条线路联合控制的,如此便不会受到任何一种干扰。我用的多为环形接收电路,其中还包括电容器,因为高压发射机发出的电流会使大厅里的空气电离化,甚至一根小小的天线也能从周围的空气中吸收电量达数小时之久。

此处不妨举一例说明这个概念:一个直径为十二英寸的闪光灯已非常疲惫,只有一个端子与一根短线相连,这种情况下仍能连续闪烁一千次,才会将实验室里电离化空气里所含的电量吸收尽。环形接收器对这种干扰并不敏感,但奇怪的是近来大受热捧。其实,它接收的能量远低于天线或接地长线,不过它却有一功效——排除目前无线电装置所固有的若干缺陷。在当众展示我的发明成果时,我让参观者随便提问,问什么都可以,说自动机会通过信号回答问题。这在当时被认为是一种不可思议的魔力，其实简单得不能再简单了——回答问题的是我本人，只不过借助机器传输罢了。

在这一时期，我还建了一艘体积比较大的遥控船，照片登载在当时那一期的《电气实验者》上。该船是完全密闭的，可以在水下航行，受线圈操纵，船体内安装有若干转换器。这套装置与最初的那一套相似，但多了一些特殊的功能——例如，我安了一些白炽灯，以便让人们清楚地观察机器的运行情况。

不过，这些自动机是在操纵者看得见的地方运行的，只是我所构想的遥控技术领域的第一步，也是非常不成熟的一步。下一步就是对其进行改造，使这种自动遥控装置能在操纵者的视力范围以外运行，能在远离控制中心的地方运行。设计之初我就有意将它用作作战的武器，以取代枪炮。它的重要作用似乎已得到了认可——媒体对这种装置已有零星报道，说它是杰出的科学成就，只是它的优点缺乏新颖性。它尚不完善，但实用性强，现有的无线电装置就可以控制飞机，让飞机沿着一定的方向飞行，大体不偏离航向，并在数百英里之外执行任务。这种装置在许多方面都可以实现机械控制，我毫不怀疑它将来一定能在战场上施展神威。不过，据我所知，目前还没有一种机械能够达到这一目的,对它进行精确控制。我花了多年的时间从事相关研究,寻觅解决问题的途径,致力于实现这一伟大、神奇的目标。

正如上文所述,上大学时我就在构想一种与现在的飞机截然不同的飞行器。此项设计的基本原理是很好的,却无法付诸实践,原因是缺乏功率强大的原动机。近几年,我成功地解决了这一难题,目前正在设计一种飞行器,这种飞行器没有机翼、副翼、螺旋桨以及其他外部附件,能够以极高的速度飞行,在不久的将来很可能会成为实现和平的强大筹码。这样的飞行器完全靠反作用力支撑和驱动,可以用机械方式控制,也可以用无线电控制。安装适当的装置,就可以将这种类型的导弹发射到空中,让导弹落在几千英里之外的指定位置。

但我们不会就此而止步。远程自动遥控机最终一定会被造出来的,具有高度的智能化——它的出现必将引发一场革命。早在 1898 年我就向一家大型企业的代表提出建议,让他们建造和推广一种自动驾驶车辆,根据自身的判断完成各种操作。但在当时,我的建议显得不切合实际,于是未被采纳。

目前,许多智囊人物都在搜肠刮肚地寻找救世良方,防止在理论上已经结束的可怕战争死灰复燃。我在 1914 年

12 月 20 日的《太阳报》发表文章,曾对战争持续的时间以及引发战争的主要原因进行过准确预测。他们建议成立国际联盟其实并非救世良方,相反,一些精英人物认为还可能会产生负面效应。尤其叫人感到遗憾的是,他们还在拟定和平条款时通过了一项惩罚性政策。岂不知用不了几年,国与国交战就不需要动用军队、军舰和枪炮了,取而代之的武器杀伤力要可怕得多,覆盖范围几乎是无限的。敌人可以在任何一种距离摧毁一座城市,这是世界上任何力量都无法阻止的。要想防止灾难的发生,防止地球变成人间地狱,我们就应该刻不容缓地采取行动,动用全国的力量和资源,加速开发遥控飞行器和无线能量传输装置。